AF279996

VERMÄCHTNIS

Josef Leopold

Tage des Widerstands 1942 - 1945

Ein Tagebuch und Dokument über den Freiheitskampf innerhalb der Deutschen Wehrmacht in den Jahren 1942 bis 1945.

Im Jahr 1947 hat Josef Leopold seine
handschriftlichen Tagebuchaufzeichnungen
auf seiner Schreibmaschine abgetippt
dabei überarbeitet und ergänzt.

Die Namen der handelnden Personen
wurden teilweise geändert.

Herausgeber: Ernst F. Leopold

Herstellung und Verlag:
Books on Demand GmbH, Norderstedt
ISBN 978-3-8423-7360-0

*Über ganz Europa lag ein dichtes Netz,
geknüpft von Menschen verschiedenster
Nationalitäten und Anschauungen,
die nichts wollten als nur helfen
in diesen schweren Zeiten.*

Meine „Irrfahrten"
von April 1942 bis Mai 1945

Wien - Mähren - Norwegen - Frankreich -
Ukraine / Sowjetunion - Polen - Hamburg -
Polen - Ungarn - Jugoslawien - Wien

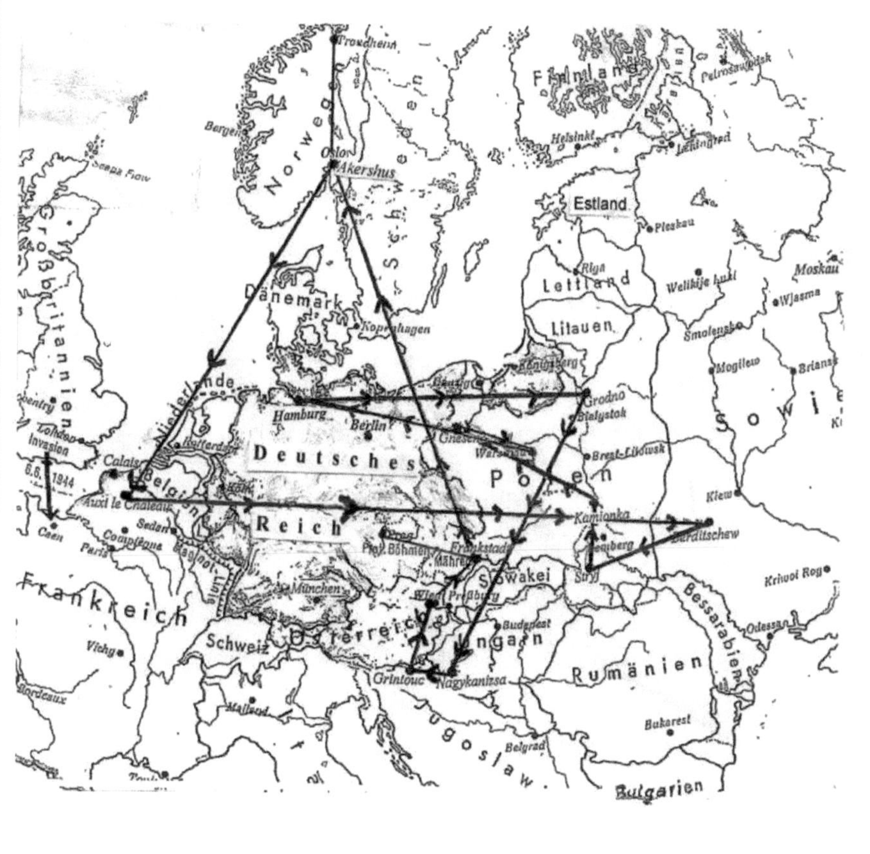

Zu Hause 1935

St. Georgstag, 23. April 1935

Fritzl, mein um zwei Jahre älterer vierzehnjähriger Bruder, schrieb in sein Tagebuch:

„Der heutige Tag war und wird der bedeutungsvollste in meinem Leben sein.
Als Preisträger des Niederösterreichischen Landes-Jugendpreisausschreibens erhielt ich ein Buch mit dem Titel `Heimaterde wunderhold´ - gleichermaßen auch der Titel meiner Arbeit.
Dieses Jugendbuch enthält viele Beiträge österreichischer Dichter, herausgegeben von Alois Zaunbauer.

Zwei Gelöbnisse legte ich heute ab:

Den Treueschwur als Pfadfinder

Ich verspreche bei meiner Ehre
mit der Gnade Gottes
mein Bestes zu tun
Gott und der Kirche treu zu sein,
dem Vaterlande zu dienen und
jederzeit und allen Menschen zu helfen!

Ich bitte die Mutter Gottes um ihre Fürsprache, dass ich mein Leben lang getreu meinem Eide als Pfadfinder leben kann und stets ein guter Mensch bleibe.

Dazu mein innerliches Versprechen, die Worte, die in
meinem Buch eingetragen stehen, als Gelöbnis zu halten:

Der Geist, in dem Du,
Sohn Deiner Österreichischen
Heimat,
Deine Arbeit geschrieben hast,
soll in Dir lebendig bleiben
bis in Deine späten Tage;
Dein Wahlspruch sei
    jetzt und immerdar:

Über allem Österreich!"

* * * *

Fritzl war und ist mein großes Vorbild!

Das heutige Pfadfindertreffen, das ich nur als Zuschauer
miterleben konnte, war ein herrlicher Tag mit meinem Bruder Fritzl als Preisträger des Niederösterreichischen Jugend-
preisausschreibens.

Otto von Habsburg, für unseren monarchistischen Kreis der
vor dem Herrgott rechtmäßige Kaiser, weiters der päpst-
liche Nuntius, hohe Würdenträger aus aller Welt und viele
andere mehr krönten dieses Pfadfindertreffen in Wien, das
keine Standesunterschiede sondern nur Menschen
kannte.
Fritzl war einer der glücklichen Österreicher, die mit unserer
hochverehrten Majestät hatten sprechen können!
Unvergesslich der tiefe Eindruck auf Fritzl und auf unsere
ganze Familie!

In der Vorweihnachtszeit saßen wir Ministranten abends in unserem katholischen Pfarrheim dichtgedrängt um den kleinen Holzofen. Fritzl erzählte uns vom Leben und vom leidvollen Abdanken Kaiser Karls, von der wechselvollen Geschichte Wiens und las uns auch Kurzgeschichten aus seinem Buch "Heimaterde wunderhold" vor.

Wir Kleineren saßen dann andächtig ums Feuer und ließen uns von Fritzl, dem beliebtesten aller Jungscharführer, wunderbare Welten erschließen. Seine Erzählungen ließen uns die angespannte Situation zu Hause und im Land vergessen. Armut, Arbeitslosigkeit und die Angst vor der neuen Partei im benachbarten Deutschland waren dann weit weg. Im Schlussgebet nach jedem dieser Heimabende stimmten alle aus tiefstem Herzen ein, uns Gott und seiner Gnade anzuvertrauen.

Die tiefe Unsicherheit der Erwachsenen ging auf uns Kinder über. Wir Buben konnten noch um so viel weniger als die Großen abschätzen, was für eine Gefahr auf die Menschen zukommen könnte. Wir wussten von den Erwachsenen vom vorhergegangenen Weltkrieg und wie unsicher die politische Lage auch jetzt war. Umso mehr sehnten wir die verlorene Monarchie herbei. Wir träumten von einem Kaiser, der uns Sicherheit geben konnte!

Ich erinnere mich, dass es in dieser Zeit kaum jemand fertig brachte, meine feindseligen Gefühle gegenüber Menschen, die nicht zu uns katholischen Monarchisten gehörten, in edlere Bahnen zu lenken.

Seit dem Mord an Kanzler Dollfuß wurde die Stimmung immer angespannter. Ich hatte damals die Ausschmückung des Schaukastens an der Kirchenmauer über. Ich schnitt aus der "Österreich Illustrierte" ein Foto von Kanzler Dollfuß aus und platzierte es im Schaukasten. Links und rechts stellte ich je eine schmale Vase mit Tannenreisig und dazwischen ein kleines Grablicht. Als ich am Abend nach dem Ministrieren aus der Kirche kam, sah ich, dass die Scheiben des Schaukastens eingeschlagen waren. Das Bild von Dollfuß war verschmiert, die Augen mit Wachs verklebt und das Kinn mit einem Spitzbart verunstaltet! Deutlich entsinne ich mich, dass ich vor hilfloser Wut weinte.

Sofort lief ich zu Fritzl, der nur sagte: „Das waren sicherlich die illegalen Nazis." An diesem Abend war mit mir nichts mehr anzufangen. Der kleine Vorfall machte mir fast mehr Angst als die allgemeine Arbeitslosigkeit und Not.

In der Nacht schreckte ich durch Schüsse auf. Meine Mutter beruhigte mich, sie legte dies als Nachtübung des Militärs am Exerzierplatz aus. Trotzdem machte ich kein Auge mehr zu. Auch heute noch, nach 12 Jahren, kann ich mich genau an diesen Abend und diese Nacht erinnern und an das Gefühl ohnmächtiger Verzweiflung und lähmender Angst! - Heute kann ich die Ahnungen, die mich damals beschlichen, in Worte fassen, was dem zwölfjährigen Bub nicht möglich war! Empfindungen, die immer noch genau so deutlich und unveränderlich in mir sind wie damals und mich den Weg gehen ließen, den Fritzl mir wies...

Sommer 1937

An einem strahlend schönen Sommertag wurden all' unsere großen und kleinen Sorgen nichtig! An diesem Samstag Nachmittag warteten wir schon ungeduldig auf Mutter, weil ein großes Reiterfest angekündigt war. Eine Kosakengruppe, ein Balalaika-Konzert und viele Pferde, all das um nur 50 Groschen!

Fini, die älteste von uns Kindern, wusste schon lange, wie es gesundheitlich um Mutter stand. Ängstlich wegen ihrer ungewohnten Unpünktlichkeit gingen wir ihr schließlich entgegen. Bei der Badeanstalt sahen wir sie zusammengesunken auf einer Bank sitzen, in ihrem alten billigen Rock, ganz weiß im Gesicht, mit dunklen Ringen unter den Augen. Mutters Zustand verschlechterte sich zusehends. Sie wurde von Rettungsleuten auf einer Bahre ins nahe gelegene Spital gebracht, ihr Herz drohte, nicht mehr mitzumachen. Alle befürchteten das Schlimmste.

Wir Kinder - ich war als jüngstes fast 14 Jahre - wurden im Spital von einer Schwester nach Hause geschickt und so gingen wir in unserer großen Angst in die Abendmesse.

Wir wollten besonders andächtig beten und Gott bitten, unsere Mutter nicht von uns zu nehmen. Wir hatten schon über acht Jahre lang keinen Vater mehr, was sollten wir jetzt auch noch ohne Mutter machen? Wir knieten vor dem Altar und empfingen in großer Angst um sie und doch in Gläubigkeit um Gottes Gnade die Heilige Kommunion. Anschließend liefen wir wieder ins Krankenhaus zu Mutter, alle mit dem Gedanken, sie nicht mehr lebend vorzufinden. Doch als wir die Abteilung betraten, kam uns gleich eine Krankenschwester entgegen mit der freudigen Nachricht, Mutter sei wieder aufgewacht und auf dem Wege der Besserung.

Sie hatte zur selben Zeit wieder die Augen aufgeschlagen, als wir so inbrünstig um Gottes Hilfe gebetet hatten, sie nicht sterben zu lassen!

Seitdem war sie nie wieder ganz gesund. Nach jahrelanger schwerer Arbeit als Wäscherin, Bedienerin und Küchenhilfe war sie schließlich zusammengebrochen. Täglich hatte sie bis zu 16 Stunden gearbeitet um für uns Kinder das Brot zu schaffen und die Schulden meines Vaters abzuarbeiten, der in meinem 6. Lebensjahr starb. Dies zerstörte ihre Gesundheit. Nach langen Spitalsaufenthalten meines Vaters wegen chronischer Krankheiten aus dem Weltkrieg waren nur Trauer, Leid und Schulden für meine Mutter geblieben.

Bedenkenlos hatten wir Kinder 20 Groschen für ein Stück Schokolade genommen, Geld für eine Kinokarte, hatten um dies und jenes gebeten...
Nun aber gelobten wir uns, tatkräftig mitzuhelfen.
Fritzl arbeitete für einen Schuster im Hause und fuhr mit dem Fahrrad in die Gewerbeschule um das Fahrgeld zu sparen. Einmal kaufte er von dem ersparten Geld Zucker, Schmalz, Brot, Speck und die strahlenden Augen uns'rer stolzen Mutter waren sein schönster Lohn, wenn er tagelang das Frühstücksgeld eingespart hatte!
Nur bei Fritzls Mandolinenstunden ließ meine Mutter keine Einsparungen zu, zuviel daran erinnerte sie an unser'n Vater und glückliche vergangene Tage.

Ich versuchte es Fritzl gleichzutun. Ging zu einem Sattler, der mir für diverse Hilfsdienste nach der Schule bis zu 20 Schilling monatlich gab. Vor der Schule ging ich für die Frau Direktor Milch und frisches Weißgebäck besorgen.

Alle unsere Bekannten schätzten meine Mutter, nur die eigenen Verwandten nicht!
Die Frage meines Herrn Vormundes (Kanzleidirektor der Wirtschaftskammer) an meine Mutter lautete periodisch zu Allerheiligen: „Hast Arbeit, ja? - Nun, dann ist's gut!"
Ein anderer naher Verwandter, ein bekannter Stadtrat von Wien war nur bereit zu helfen, wenn meine Mutter seiner Partei beitreten würde.

Sie hat sich selbst kaum etwas gegönnt, nie geklagt über ihre Krankheit und hatte darüber hinaus noch genug Kraft, ihren tiefen Glauben und das Gebot der Nächstenliebe den verbrecherischen Ideen der Nazis entgegenzustellen.

Meine geliebte Mutter konnte das Ende des NS-Faschismus noch miterleben; sie starb im Herbst 1947.

Der schwarze Freitag, 11. März 1938

18 00 Uhr - überall österreichische Polizisten mit Hakenkreuz-Armbinden an den Uniformen!

19 30 Uhr - unser Kanzler Dr. Kurt Schuschnigg schließt seine letzte Radioansprache mit den Worten:

„Gott schütze Österreich!"

11. März, gegen Abend

Pfadfinderbuben mit neuerdings nationalsozialistischer Prägung plünderten das Pfarrheim, viele der vormals "treuesten der Treuen" taten sich bemerkenswert eifrig hervor!
Nun blieb mir der bittere Weg, dies Fritzl zu erzählen. Fritzl hatte Tränen in den Augen. Wir erfuhren dann, dass diese sogenannten Kameraden das alles schon Wochen vorher geplant hatten!

Dazu ihre spöttischen Gesichter, wenn wir mit fester Überzeugung erklärten:
„Österreich wird nicht von den Westmächten verraten werden! In letzter Stunde wird der legitime Kaiser Otto aus dem Exil heraus uns mittels seiner weitreichenden internationa-

len Beziehungen die Demütigung einer preußischen Besatzung ersparen, denn sonst würde unser geliebtes Österreich aufhören zu existieren".

Patschi, unser ältester Pfadfindergruppen-Leiter und ehemaliger Jungscharführer sagte, es drehe sich alles nur um das Erdöl. Der Annexion unseres Landes würden noch weitere folgen. Aber die westlichen Bündnisse sähen derzeit noch keine Veranlassung, aus ihrer abwartenden Reserve herauszukommen.
Fritzl und ich liefen zu unserer geliebten Mutter, die wieder einmal wegen ihrem Herzleiden im Spital war und erzählten ihr aufgeregt, was sich ereignet hatte. Sie sagte zu uns: „Geht in der Früh' in die Mess', kommuniziert und betet andächtig, unser Herrgott weiß schon, warum er uns diese Prüfungen schickt!"

12. März 1938

Um 10 30 Uhr kam für uns überraschend zeitig Fini, unsere 18-jährige Schwester nach Hause.
Ihr Arbeitgeber hatte Fini heimgeschickt, damit sie sich um uns Buben kümmern konnte. (Sie hatte eine Anstellung im Büro des 1. Wiener Konsumvereins / Beamtenkonsumvereins).
Sie berichtete, dass sämtliche österreichischen Minister verhaftet wurden!

In Wien schienen alle verrückt geworden zu sein - dicht gedrängt standen Menschen in den Straßen, johlend und Lieder grölend zogen Leute mit Hakenkreuz-Fahnen herum, zerschlugen Auslagen, plünderten Judengeschäfte, eine ganze Stadt im Ausnahmezustand!

Fritzl arrangierte nach der Messe ein Zusammentreffen der österreichisch und katholisch gesinnten Buben in einer verfallenen Tennishütte am Sportplatz, weil das geplünderte Pfarrheim inzwischen geschlossen worden war. Das zuerst für unsere weiteren Zusammenkünfte in Erwägung gezogene leerstehende Gartenhaus eines ehemaligen Stadtkommandanten war den Renegaten zu gut bekannt.
Von ehemals dreißig Buben erschienen nur acht. Pro forma gründeten wir einen Pingpong Club...

Am Abend zu Hause sagte Fritzl zur Mutter, die nach ihrem Spitalsaufenthalt nach wie vor sehr geschwächt war:
„Unser Sepperl braucht unbedingt einen Ausgleich zu seiner Arbeit in der Maschinenfabrik" - (wo ich als Schlosserlehrling angefangen hatte) - „er tut sich sehr schwer unter den erwachsenen Arbeitern. Er schließt sich ab von seiner Umgebung und beschäftigt sich viel zu viel mit politischen Themen um für sein selbst gewähltes Lebensziel, eine neue Monarchie, zu kämpfen." Ich saß nicht, wie die beiden annahmen, bei Fini in der Küche, sondern hörte diese Worte, die nicht für meine Ohren bestimmt waren, vom Schlafzimmer aus mit - die unablässigen Sorgen meines älteren Bruders um seinen Sepperl!

Bericht aus meiner Lehrzeit in der Maschinenfabrik in Niederösterreich

Es war unheimlich, wie unsere Möglichkeiten, als anständige Menschen aufzutreten und zu handeln, wie mit der unerbittlichen Präzision einer mathematischen Gesetzmäßigkeit mehr und mehr eingeschränkt wurden, mit der unausweichlichen Entmenschlichung in absehbarer Zeit.

Ein unbedeutender Anlass in der Berufsschule war es dann, der mein erstes offenes Bekennen zu meiner schon so lange in mir wachsenden Abneigung gegen die Nazis auslöste. Wir hatten einen Lebenslauf zu schreiben anlässlich der Bewerbung für ein Stipendium für die an die Berufsschule anschließende Ingenieursschule. Erwartet wurde von uns, gemäß den großdeutschen Vorgaben die "Befreiung der Ostmark" als schönstes Erlebnis unseres Lebens herauszustellen. Nun gestattete ich mir, entgegen des allgemein Üblichen, als das größte Erlebnis meiner jungen Jahre eine Weihnachtsmette mit feierlichem Tedeum als solches zu bezeichnen. Nun war's um meine unbedarfte Person geschehen und ich war nun kein unbeschriebenes Blatt mehr! (Ein Stipendium stand dann auch nicht mehr zur Diskussion...)

Unser Alltag nach dem März 1938

Aus anfänglichem Stellung beziehen vor allem im familiären Umfeld steigerte sich meine Opposition gegen die Renegaten in gleichem Maße, wie die allgemeine Lage politisch und menschlich zunehmend schlimmer wurde und es mir und jedem rechtschaffenen Menschen immer schwerer machte, das Gebotene noch stillschweigend hinzunehmen. Daneben sollte unser normales Leben, sollten unsere Hobbys beibehalten werden, was einer innerlichen Opposition gleichkam. Es war unsere Weigerung, diesem braunen Terror soviel Macht zuzugestehen, uns von seiner unmenschlichen Ideologie sogar unsere Träume zerstören zu lassen. Dem immer bedrohlicher werdenden Alltag im Radio, in den Zeitungen, auf der Straße und in den Gesichtern der Menschen stellten wir immer wieder die Schönheit dieser Welt gegenüber, die uns Gott gegeben hat und der keine politische Partei etwas anhaben kann.

Klassische Konzerte waren unsere Welt, mit kargsten finanziellen Mitteln ermöglicht sowie Amateurfotografie, um die Naturschönheiten Gottes festzuhalten.

Unsere Hochgebirgstouren führten Fritzl und mich, nur mit dem Nötigsten ausgestattet, vom Glockner ins Ferleitental: unvergesslich die Schönheit des Pasterzengletschers, hinreißend die göttliche Pracht eines Sonnenaufgangs in der Erhabenheit eines Rundblicks um unsere ew'gen Gipfel österreichischer Berge. Dort war der Platz von Fritzl, war er mir ganz nahe, weit abgeschieden von üblichen Wanderwegen, dort wo nur echte Bewunderer der Herrlichkeiten der Natur hinkamen.

Der "Bayerische Hilfszug für die hungernde Ostmark" und die Vorgeschichte dazu:

In der Monarchie

Eine Suppe mit Fleckerl steht hier aufg'schrieben
Ein Rindfleisch mit Semmelkren und roten Rüben,
Ein Kraut mit Pofesen, ein Eingemacht's mit
                         Krebsen,
Gebratene Tauben, ein Ragout vom Schöpsen,
Kapäunerl und Hühnerl, gebratene Vögerl,
Ein gutes Karbonaderl, Ein
gefüllt's Rostbraterl, Ein
geschopptes Indianerl, Ein
schönes Fasanerl,
Gebackene Karpfen, g'sottene Forellen,
Ein wälsches Salaterl mit frischen Sardellen,

Pasteten und Torten
Von allerlei Sorten! -

Jedoch ein Kaiser kostete dem Lande Geld. Ungeheuer viel Geld! Er kostete dem Land soviel Geld, dass es ein armes Land werden würde!
Dann müsste das Volk Hunger leiden, damit es einen Kaiser haben konnte! Hätte das Volk keinen Kaiser, so könnte es satt werden!!
Es könnte jeden Tag Wein trinken und Makkaroni essen!!
Also fort mit dem Kaiser!!

Damit wir alle Tage Wein trinken und Makkaroni essen könnten, beseitigte man die monarchistischen Ausbeuter.

Als in Triest nach dem Weltkrieg die österreichische Flagge eingezogen wurde, sagte spöttelnd ein Lagunenfischer: „Recht so, dass Österreich uns verlor, denn damals in der Monarchie bekamen wir nur fünfmal am Tag zu essen!"

Später dann erkannte "unser großer Führer" tiefschürfend, dass eine spartanische Lebensführung 100 mal gesünder sei als das Schlemmen in Makkaroni und Wein - er brachte uns den Eintopf und darin war alles enthalten, was wir n i c h t mochten.

*　*　*　*

Soweit mein unbedarfter Beitrag zum Bayerischen Hilfszug, der ohne Weltkrieg, ohne Nazis, im alten sicheren Kaiserreich nicht nötig gewesen wäre.
Wann erhielten wir nach dem 13. März noch in irgendeinem Geschäft Salami, Bananen, Honig, Butter usw., soviel wir

wollten? Oder war es umgekehrt, dass wir, anstatt die 5,000.000 österreichischen Schillinge Butterschulden einzukassieren als "Dank" dafür das 10-fache Quantum liefern mussten? Wo kam unser gutes frisches Obst hin und vieles andere mehr?? Marmelade, ja, Marmelade brachten uns die "Marmeladinger" reichlich! Jedoch nicht aus Obst, sondern aus minderwertigen Ersatzstoffen. Kam jetzt in Österreich jemand in ein Geschäft und fragte nach Lederwaren, Goldschmuck oder sonst irgendwelchen Artikeln, so hieß es stets von neuerdings deutschen Verkäufern:

„mal jerade ausjejangen!"

Ja, "r a u s g e g a n g e n", "heim" ins Reich!!

Nazialltag in Wien

Es ist eine manchmal schwer verständliche und, wenn auch mit bitterem Beigeschmack, tröstliche Tatsache, dass auch unter schlimmsten Lebensumständen Menschen lachen können, lachen müssen - um zu überleben.
In der Zeit der Okkupation waren die Flüsterwitze oft die einzige Möglichkeit, sich gegen die "Heimholer ins Reich" aufzulehnen. Nicht zu unterschätzen auch ihre psychologische Wirkung. So manch' treffender Witz, dessen Anspielung leicht verständlich war, machte Mut und half über einen schlimmen Moment hinweg...
Es kursierten Witze wie:
- Hitler verbietet dem Weiss Ferdl, über ihn und seine Minister dumme Witze zu machen. „Schließlich bin ich Großdeutschlands gewählter Führer und das ganze Volk steht geschlossen hinter mir." - „Bitt' schön", wendet der Weiss Ferdl ein, „ d e r Witz war aber nicht von mir".
- Hermann Göring fährt mit dem Riesenrad und lässt sich von ganz oben die Umgebung von Wien erklären. Man

zeigt ihm den Kahlenberg, den Leopoldsberg und schließlich den Hermannskogel - „Ach nee", lächelt er geschmeichelt, „det wär' doch nicht nötig jewesen..."

9. Oktober 1938

Nach der heiligen Messe zum Rosenkranzfest am 7.Oktober im Stephansdom mit Kardinal Innitzer waren wir von der Katholischen Jugend und tausende Gläubige sehr gestärkt durch seine Predigt, die mit den Worten endete:
„Euer Führer heißt Jesus Christus, wenn ihr Ihm die Treue haltet, werdet ihr niemals verloren gehen!"
Als wir aus der Kirche kamen, hatte die Gestapo nur darauf gewartet und ist gleich auf uns losgegangen!
Einige von uns wurden sofort verhaftet, die NS-Schergen prügelten wahllos auf die friedlichen Messebesucher ein, mir wurden durch brutale Schläge ins Gesicht mehrere Zähne auf der linken Seite ausgeschlagen. Um mich herum, nach der weihevollen Andacht in der Heiligen Messe und dem Jubel bei der Predigt des Kardinals jetzt Schreie, Angst und Entsetzen!

Am nächsten Tag stürmte die Hitler-Jugend das Erzbischöf-liche Palais. Kardinal Innitzer konnte sich gerade noch in Sicherheit bringen!

1939

Die Weltanschauung der Nazis hatte längst auch Orte des Wissens und Studierens durchsetzt. Tagore musste herhal-ten für Fritzls Überzeugungsarbeit bei den ehemaligen Heimbuben und jetzigen Herren Studenten, die von neuen Freunden Nazifahnen und dumme Parolen mitbrachten.

Nach Abschluss der Schlosserlehre war ich als technischer Zeichner in der Maschinenfabrik beschäftigt.

Insgesamt acht Ausschnitte aus Rabindranath Tagores "Nationalismus" wählte Fritzl aus.

Mit zweifachem Durchschlag stellte Fini auf der Schreibmaschine Flugblätter her, die ich nach den Gottesdiensten verteilte unter unseren alten Pfadfinderfreunden und allen, die uns nahe standen.

Eine handgeschriebene Abschrift versteckte ich bei unserer Gletscherausrüstung in unserem Geheimverschlag zwischen Winter- und Küchentüre. Wenn dieses Versteck nicht so raffiniert einfach gewesen wäre, hätte Cousin Walter, ein frischgebackener SS-Mann, es sicherlich schon einmal untersucht auf "Hochverräter-Material".

Viele der Getreuen, der wahren Österreicher dankten Fritzls kleinem und doch so riskantem Beitrag zu Kultur und Niveau - mit einem Lächeln, mit einem Händedruck, mit ihrer Freundschaft in dieser unsicheren Zeit.

Anfang November 1941

Wir beide - Fritzl, inzwischen zu einem ernsthaften Mann herangereift und meine Wenigkeit, mit meinen nunmehr 18 Jahren auch längst den Bubenjahren entwachsen - trafen uns jeden Sonntag mit den restlichen verbliebenen Freunden. In langen Gesprächen drang Fritzl in uns: „Wir müssen trachten, mit österreichisch Gesinnten in Verbindung zu treten. Vielleicht gelingt es einem von uns sogar, Kontakte mit dem Ausland zu knüpfen. Ich werde, muss es versuchen!"

In unserem kleinen Städtchen durfte er nichts gegen die neuen Machthaber unternehmen, aus Sorge um unsere liebe, gute Mutter, die mit ihrem Herzleiden ans Krankenlager gefesselt war. Nicht einmal im eigenen Wohnhaus durfte man seine Gesinnung zeigen, da man so einigen der langjährigen Nachbarn und Bekannten nicht mehr trauen konnte. Die Angst wurde Teil des täglichen Lebens, Misstrauen zerstörte Freundschaften, Dachau war schon längst ein Begriff!

* * * *

Als einfacher Werft-Arbeiter hatte sich Fritzl Kenntnisse und Lebensweisheiten angeeignet, die leicht an das Niveau erfahrener Weltleute und echter Patrioten heranreichten.

Schon bald wurde er allgemein geschätzt als fleißiger, genauer Arbeiter und guter Kollege. Es war ihm gegeben, seine religiöse Weltanschauung und seine geistigen Ideale in Einklang zu bringen mit dem nüchternen Arbeitsalltag, bei Wind und Wetter an den Schiffen Präzisionsarbeit leistend. Es fiel ihm leicht, mit Menschen verschiedenster Herkunft und Einstellung Freundschaften zu schließen und mit seiner natürlichen Art andere auch zum Nachdenken zu bringen, ein ungleicher Kampf gegen die allgegenwärtige Nazipropaganda und gegen die systematischen Verleumdungen und Einschüchterungen.

Oft wandten sich durchaus auch Ältere an Fritzl um Rat oder Hilfe; man schätzte seine unverbildeten Ansichten über das wahre Gesicht der NSDAP, wenn er sie in schlichten Worten für jeden leicht verständlich darlegte.
Darüber hinaus schätzte man seinen Einsatz in sozialen Belangen und nahm schwer Abschied von diesem jungen frischen Mitarbeiter, als er nun, November 1941, nach Frankreich zum Wehrmachtsdienst der verhassten Nazis eingezogen wurde; eine Lücke hinterlassend, der noch so viele folgen sollten in den nächsten Jahren...

25

Fritzls Aufbruch, letzter Tag vor Antritt seines Wehrdienstes. Einer ungewissen Zukunft entgegen sehend, aber mit der geheimen Absicht, sich als Fallschirmjäger der Wehrmacht nach England abzusetzen und endlich aktiv zu werden im Kampf gegen die braune Pest, nahm er von uns Abschied.

Heimlich hatte er jedem von uns, Mutter, Fini und mir, je ein Album, betitelt mit "Spaziergang durch Wien" zusammengestellt - mit Gedichten und tröstenden Gedanken für schwere Stunden. Dazu Fotos von Freunden und Bekannten und von Familienausflügen. Sogar einige alte Fotos von unserem geliebten Vater waren dabei. Weiters Ansichtskarten von besonderen Plätzen des früheren Wiens und alte Kino- und Ausstellungsbillets, ein jedes einzelne ein kostbares Stückerl Wienertum aus einer Zeit, in der man noch unbeschwert glücklich sein durfte, noch ohne Hakenkreuzfahnen überall und sogar auf dem Steffl!

1. April 1942

Brief von Fritzl an seine Freunde:

Liebe Brüder!
Vor 20 Jahren starb unser Kaiser Karl als Verbannter auf Madeira!
Er hatte für seine Völker das Beste gewollt:
den F r i e d e n !

Kaiser Karl ist gestorben für eine ewige Idee -
diese ewige Idee heißt:

"Österreich"

Wir wurden schon das Österreichische Gewissen genannt und wir wollen es gerne sein. Falsch denkt, wer uns nur für "eine politische Richtung" hält und verbannt aus unserem Kreise sei, wer uns einreden will, dass Arbeiten für Österreich und Leben im katholischen Glauben zwei getrennte Bereiche sind. Beide sind innig verbunden. Wir sind Österreicher und kaisertreu, w e i l wir katholisch sind!

Von historischer Sendung unserer Gemeinschaft zu sprechen, mag großtuend erscheinen. Nur sagen wir nicht, dass wir durch Einfluss und Macht das erstrebte Ziel erreichen wollen, sondern, dass es
G o t t gefallen möge, einer Idee zum Sieg zu verhelfen, die, obzwar zeitweilig nur mehr von wenigen erkannt und hochgehalten, letztendlich triumphieren wird und zwar, weil sie richtig ist.

Es heißt für die Gemeinschaft: Durchhalten!

Auch auf die Gefahr hin, für intolerante Deutschenhasser gehalten zu werden, auch auf die Gefahr hin, als Verräter am Deutschtum, deutscher Kultur usw. angesehen zu werden: Ö s t e r r e i c h !

„Ora et labora" - mit der Mahnung an diese Lebensweisheit schließe ich meine Zeilen.

Möge uns die Mutter Gottes Fürsprecherin sein in unserem Kampf gegen Feinde, die kein Pardon geben,
p r o p a t r i a !

Euer Friedrich

Beginn Militärdienst Mähren 1942

Frankstadt, 12. Mai 1942

Zwischenbilanz nach meinen ersten vier Wochen Zwangs-Militärdienst als einer von 300 neu rekrutierten Wienern in der deutschen Wehrmacht:
Die große Bitterkeit, gegen meinen Willen in einer Organisation tätig zu sein, die gegen meine Interessen und meine Überzeugungen ausgerichtet ist, war eine schwer zu ertragende Last. Fritzls Worte begleiteten mich: „Die Macht ist euer, die Wahrheit ist unser!"

Der allgemein herrschende militärische Drill stand in keiner Relation zu den tatsächlichen Erfordernissen, die "pädagogischen" Schwerpunkte waren offensichtlich auf preußischen "Kadavergehorsam" hin ausgerichtet. Vieles musste dem gesunden Menschenverstand unbesehen der jeweiligen politischen Ausrichtung seltsam erscheinen, Kleinigkeiten oft, die zum Lachen gereizt hätten, wäre der hinter den agierenden Offizieren stehende Machtapparat nicht so bitter ernst zu nehmen gewesen. Aufseher präsentierten sich trotz ihrer angeblichen Vorbildfunktion als humorlos, unkultiviert und menschlich höchst unreif. Mit diesen deutschen Ausbildnern vor Augen war es schwer, objektiv zu bleiben und nicht ein pauschales Urteil über die Deutschen an sich zu fällen.

Schon bald gab es erste Schwierigkeiten, nicht zuletzt, weil viele unserer Vorgesetzten kaum älter waren als ich selbst. Nachplappernd, was sie nie überdacht hatten, im Bewusstsein ihres "Adels" als "edelste aller Menschenrassen" und was der Schlagworte mehr waren, ließen sie ihre neue

Macht unablässig an den Rekruten aus, jenseits von fachlicher Kompetenz oder Erfahrung.

Meine auch daraus resultierend als eher gemütlich zu bezeichnende Diensteifrigkeit sowie meine Weigerung, am "Kameradschaftsabend" im Casino teilzunehmen, brachte mir wiederholtes mittägiges Strafexerzieren ein.

Wäre es nicht doch g'scheiter, meine noble Gelassenheit und zutraulichen Frohsinn abzulegen?! Sich den Gegebenheiten anzupassen, statt mit Ironie und Sarkasmus mich und letztendlich auch andere sinnlos in Gefahr zu bringen?

Die anderen, das waren allen voran zwei Gleichgesinnte, Freunde bald, die gleich mir Österreich im Herzen und allzu oft auch auf der Zunge trugen: Charlie K., ein Floridsdorfer Arbeiter und Egon v. E., ein Badener Weinbauer.

14. Mai 1942

Wir lernten Gustl P., einen Wiener Juristen kennen!

Gustl erschien uns als der rettende Engel in unseren Nöten. In seiner Funktion als Erster Schreiber des Generalstabs teilte er uns für verschiedene Posten ein, die uns auf längere Sicht gewisse Sicherheiten bieten konnten innerhalb einer gefährlichen und brutalen Organisation. Charlie wurde als Hilfs-Fahrlehrer und Ölwart angestellt, trotz energischen Protests des Generalstabs. Egon wurde als Schreiber zum Stab abkommandiert und war ab sofort "Dauernd GVH" - Generalvertreter vom Heer, was auch eine enge Zusammenarbeit mit Gustl ermöglichte. Für mich gelang es ihm,

einen Pro-forma-Job als außerplanmäßiger Putz bei Leutnant H. durchzusetzen.
Als Putz war ich bis auf weiteres wie ein persönlicher Diener für das Wohlbefinden des Leutnants zuständig, was mir nicht zuletzt schwer zu kontrollierendes Kommen und Gehen ermöglichte...

21. Juni 1942

Schon der vierte Alarm!
150 ehemalige englische Fallschirmjäger aus einem oberschlesischen KZ geflüchtet, hieß es.
Sofort war da wieder meine große Angst um Fritzl wegen seinem Plan, sich aus der Wehrmacht als Fallschirmspringer nach England abzusetzen.

Eher mechanisch erledigte ich verschiedene Besorgungen für meinen Leutnant und meldete mich dann bei Gustl.
Egon und Charlie waren auch schon da.

Gustl, mit sorgenvoller Miene, hatte einen heiklen Auftrag für uns:
Pünktlich um 18 00 Uhr, hatten wir je einen Brief einem Juwelier, unserem gemeinsamen Freund Victor und dem Eisenbahner Konetzny zu überbringen.
Einer der drei Briefe enthielt eine wichtige geheime Nachricht wegen einer tschechischen Widerstandsgruppe. Welcher, und an wen, wusste Gustl sicherheitshalber selbst nicht.
Nachher wurden wir zur Orts-Streife eingeteilt. Gustl, Ferra, Joschi, ein Friedberger Funker, auch ein fanatischer Nazi-Hasser und meine Wenigkeit würden uns die Straßenkreu-

zungs-Kontrolle nach Troja Novice teilen, im Anschluss an unsere Briefaktion.

18 00 Uhr: Von einer jungen Dame bei Victor - rausgeworfen worden! Mit dem Brief in der Hosentasche, stand ich vor einem zugeschlagenen Haustor. Versuchte nochmals hineinzukommen, doch erfolglos.

Zumindest etwas dumm musste ich wohl dreingeschaut haben als kurz darauf Victor auftauchte und mich vor dem verschlossenen Tor stehen sah! Kurzerhand nahm er mir den Brief ab und beorderte mich, zum geheimen Treffpunkt zu gehen. Als Victor von der gestrengen Frau in seinem Hause erfuhr, lachte er schallend. „Ja, auf unsere Mädels wirkt die deutsche Uniform wie auf einen Stier ein rotes Tuch. Sissy, meine Nichte, ist seit heute Früh aus Prag zurück. Sie studiert Philosophie und Geschichte, spricht perfekt Englisch, Spanisch und Französisch und - ist noch zu haben...", mit einem Lächeln meinen roten Kopf deutend.

„Pollak soll die erste Streife übernehmen, damit er gegen Mitternacht bei Konetzny sein kann", wurde mir aufgetragen, Gustl auszurichten.

19 00 Uhr: Charlie war vom Juwelier nach seiner Briefübergabe mit einem kompletten Anzug und Papieren ausgestattet worden und wollte noch diese Nacht mit den durchreisenden Partisanen mitgehen. Egon lehnte ein ähnliches Angebot für sich selbst ab.

00 30 Uhr: Ein eigenartiges Gefühl von Hoffnung beschlich mich, als ich die abgehetzten Gestalten tschechischer Partisanen von Richtung Kuncice kommend im Zwielicht auftauchen sah. Die jungen Männer und Frauen grüßten scheu,

ruhten sich einige Minuten aus, hastig ein paar Bissen Essen von uns hinunterschlingend. Wir verteilten an sie soviel Proviant, wie sie tragen konnten und nach einem festen Händedruck waren in der Dunkelheit Menschen verschwunden, die uns nie vorher gesehen hatten, die sich auf ihr Gefühl verlassen und sich uns anvertraut hatten.

Konetzny folgte ihnen, um ihnen so weit wie ihm möglich den Weg zu zeigen. Er brachte sie bis zu den sicheren Wäldern am Fuße des Radhost. Morgen früh, das heißt heute früh gegen 8 Uhr, würden sie schon in den Schlupfwinkeln der Beskiden sein!

Ein erleichtertes Aufatmen ging durch unsere kleine Gruppe! Zerrte doch das tagtägliche Versteckspiel von unserem kleinen Kreis um Gustl an unseren Nerven. Viel zu wenig konnten wir aus unseren ungleich ungefährlicheren Positionen heraus bewirken - und doch war uns klar, dass dieses Wenige für unsere tschechischen Freunde mehr war als ein unüberlegtes falsch verstandenes Heldentum. Helfen wollen und nicht können zehrte an unseren Kräften und an unserer Geduld angesichts der Not und Verzweiflung der Menschen in einer Welt wie aus einem bösen Traum.

Um drei Uhr früh kontrollierte uns dann eine motorisierte Patrouille des Bataillons und Gustl meldete eifrig:

„Gefreiter P. und vier Mann!
Stab und Stammkompanie S Ersatz Bataillon 10, auf Absperrposten.
Aufgabe sämtliche Passanten zu kontrollieren und
namentlich festzuhalten,
bei Fluchtversuch nach zweimaligem Anruf zu schießen! -
Keine besonderen Vorkommnisse!"

„Danke, weitermachen! Wenn ihr so ein tschechisches Partisanenschwein erwischt, sofort dem Kommandeur melden! Um vier Uhr werden Sie abgelöst", antwortete ein "Herr" der "Herrenrasse" zufrieden.

Als wir gegen fünf Uhr bei Victor vorbeikamen, nötigte er uns, auf einen schwarzen Kaffee zu bleiben.
Die Sache ließ sich gut an, aber dann erklärte mir Victor, dass mich eine junge Dame im Nebenzimmer erwarte und, dass sie zu so früher Stunde keinerlei Absichten hege, gewissen Herren etwaige Türen vor der Nase zuzuschlagen. Mein Herz begann wild zu klopfen, die Kaffeetasse begann zu zittern.

Mit einem feinen Lächeln begrüßte mich Sissy, eine ausgesprochene Schönheit. Mit reinem Schönbrunnerdeutsch hieß mich die Nichte Victors willkommen.
„Sissy - so hieß auch die Gattin Kaiser Franz Josephs", begann ich eine Konversation, die schon bald jede Steifheit verlor, zuviel warme Sympathie umgab uns beide. Mit immer größer werdendem Wohlgefallen nahmen wir uns gegenseitig in Augenschein.

Unverkennbar konstatierten wir, dass wir sehr aneinander Gefallen fanden.
Sissy sah bezaubernd aus. Keine Falte an ihrem Kleid, keine unordentliche Haarsträhne, keine Anzeichen von Müdigkeit trotz der durchwachten Nacht.
Auf meine Frage: „Sissy, wie alt sind Sie?", antwortete sie mit verschmitztem Lächeln: „... alt genug, wenn Sie mich heiraten wollen."
Das brachte mich ganz aus dem Konzept!
„Bin ich denn nicht zu ungebildet für eine Frau wie Sie...", stotterte ich, ihr in meiner Verwirrung die Hand küssend.

„Non, mon ami, höchstens zu temperamentvoll - aber", setzte sie spitzbübisch hinzu, „wenn Sie mich heiraten wollen, dann müssen Sie sich zumindest zuerst den Orden des Goldenen Vlies' verdienen!" - Und wieder ernst werdend, sprachen wir über das Unternehmen der vergangenen Nacht:

„Seit dem Blutvergießen in Lidice ist keine Ruhe mehr. Die Menschen sind panisch vor Angst, viele sind jetzt zu allem bereit. Trotz der harten Gegenmaßnahmen der Preußen!

Übrigens", fuhr Sissy mit ihrem lieben Lächeln fort, „brauchen Sie heute nicht mehr, auch morgen und übermorgen nicht, in den Dienst zu gehen. Helly, eine unserer treuesten Mitkämpferinnen - und Serviermädchen im Casino - brachte während ihrer Arbeit in Erfahrung, dass die Absperraktion gegen die tschechischen Widerstandsleute von allen Beteiligten drei Tage `gefeiert´ werden sollte. Da die Germans ja, entgegen ihren großartigen Reden nicht mehr als grad' zwei Glas Wein vertragen, wussten wir von der Aktion bereits am Nachmittag, doch erst Sie brachten die endgültigen Daten. Wir wussten noch nicht, wo und wie die einzelnen Kompanien eingeteilt waren."

„Nun, meine kleine Amazone - ich auch nicht... Ich wusste nicht einmal, dass gerade ich die richtige Order überbringen würde", antwortete ich. „Oh, mein Onkel sagte sofort, dass der junge Mann mit dem Lausbubengesicht wohl Gustls Schützling gewesen sei, den eine ekelhafte Person - denken Sie nur! - 'rauswarf. Er sagte allerdings auch, dass er froh war, dass jemand wie Sie die richtige Order überbringen kam, weil Sie trotz Ihrer Jugend die Tragweite der einzelnen Widerstandsaktionen überblicken können - ich glaube, der Orden des Goldenen Vlies' ist gar nicht in so weiter Ferne."

„Wann werden Sie mich 'rauswerfen? Sie werden doch sicherlich müde sein?", stellte ich eine Verlegenheitsfrage, durch ihre charmante Art und ihr bezauberndes Wesen immer mehr durcheinander gebracht.
„Ich habe gar nicht die Absicht, Sie so schnell wieder gehen zu lassen. Zuerst werden Sie baden und sich umziehen, inzwischen werde ich ein Frühstück richten. Dann werden wir weitersehen."

Wie war ich überrascht, ein warmes Bad vorzufinden. Auf dem Diwan lagen ein Pyjama aus Seide und daneben ein Morgenmantel. In der Manteltasche steckte ein Buch welches ich sicherlich in der ganzen Tschechei nicht zu finden erwartet hätte: von Rudolf Hans Bartsch "Schwammerl", der Roman über Franz Schubert.
Mit soviel Genuss hatte ich in meinem ganzen Leben noch nicht gebadet. Alle Sorgen, alle Müdigkeit schienen von mir abzufallen. Danach das unbeschreibbare Bewusstsein, einmal der verhassten Brennesselstoff-Uniform ledig zu sein. Wohltuende Seide stimmte mich so froh, dass ich keine Sekunde länger als nötig brauchte, um mich als zivilisierter Mensch meiner Gastgeberin zu präsentieren.
„Sissy, Ihr künftiger Gatte stellt sich vor! Wie gefalle ich Ihnen?"
„Großartig. Sir Anthony Eden in England hat auch keinen eleganteren Schneider als mein Bruder."

Die ausgelassene Stimmung war mit dieser Erwähnung ihres Bruders René wie weggewischt. Von Victor wusste ich, dass seit dem Attentat auf Heydrich jede Nachricht von ihm fehlte. Wir konnten nur hoffen, dass es ihm gelungen war, sich bis in die Schweiz durchzuschlagen. Geld hatte er wohl genug mit, jedoch beherrschte er keinen Wiener Dialekt, der ihn in einer Notlage schnell von den Preußen unterscheiden konnte, da er bei seinen Großeltern in Prag aufgewachsen war und bei ihm zu Hause schriftdeutsch und französisch gesprochen wurde.

Ich bat sie noch um eine Widmung für das Buch-Geschenk. In ihrer Schreibmappe am Tisch entdeckte ich auch den Umschlag von meinem Brief von gestern Abend.

„Haben Sie noch den Brief dazu?"
„Nur die Skizze mit dem Panorama-Ausschnitt, den Text haben wir sofort vernichtet; Victor und ich haben so etwas lieber im Kopf als in der Mappe..."
Auf mein ungläubiges Gesicht hin flüsterte sie mir übermütig ins Ohr, was ich gestern erlebt, aber nie aufgelistet gesehen hatte:

„1. + 3. Kompanie: Kommandant Hauptmann V.,- Oberstleutnant M., im Bereich Celadna, Knehyne, Smrk.

KOB: Kommandant Oberstleutnant D., Feldwebel S., Unteroffizier S., im Bereich Frydlant, Chaussee Ostrau, Straßenabzweigung Palkovice-Frankstadt.

7. Kompanie: Kommandant Freiherr v. G., Chaussee bis Hukvaldy,

Eisenbahndamm westlich Frankstadt Stamm - Kompanie, Verbindung zum Schützen - Regiment 11., südlich des Bahndamms.

Zwischen den Punkten A-B, B-C, C-D, D-E, E-B und E-C Blinklinien.

Am Gipfelplateau des Radhost, Hotel Radegast, Gefechts-
stand des Regiments, mit Regiments-Funkstelle, Telefon-
verbindung zum Bataillon Kommandeur Major H.

Ortseinsatz übernehmen Stab-Bataillon und Stammkompanie.

1. + 3. Kompanie rücken um 17 55 Uhr in Bereitstellungs-
raum,
KOB + 7. Kompanie um 18 15 Uhr, - ab

18 30 Uhr von Kradstaffel und Schützenpanzerwagen-Kom-
panie sämtliche Zufahrtsstraßen von Mezerice, Ostrau, Pal-
kovice, Frydlant zu sperren,

ab 19 00 Uhr verlässt kein Passant die Durchkämmungs-
zone!

Soweit der Text, aber den Schutz unserer Widerstandsgruppe übernahmt ja ihr, also konnten wir ganz beruhigt
sein", lachte sie.
Meine Bewunderung für diese schöne Frau wuchs und
wuchs.
Nach einiger Zeit erlaubte ich mir die Frage, die mir ver-
ständlicherweise im Kopf herumging:

„Sind Sie eigentlich speziell ausgebildet worden?"   „Nein,
aber mein Papa war Oberst bei Hötzendorf. Ich bin eine
österreichische Offizierstochter."

„Wie ist denn Ihr Herr Papa 1918 von Baden weggekom-
men?", wagte ich eine weitere persönliche Frage.
„Gar nicht; er ließ Mama und mich nach Blumau nachkom-
men. Bis zu seinem Tod vor fünf Jahren kehrte er nie mehr

in seine Heimat zurück. Nur meine Mama, eine Pragerin, fuhr alle Jahre über den Winter heim." Sissy nahm meine Hand, mit ihren Gedanken weit weg. „René lebte auch während seinem Hochschulstudium weiter in Prag. Ich blieb nach Papas Tod in Blumau und studierte dann zwei Jahre in Wien, wo ich auch geboren bin!"

Dann erzählte mir Sissy vom Schicksal ihres Vaters. Die Zerrissenheit eines treuen Soldaten kam so recht zum Ausdruck bei ihrer Schilderung von dem Tag, an dem er vor die Alternative gestellt wurde, nach Hause zurück zu kehren, oder aber, gegen alle Anfeindungen auszuharren bis zum Tag der Wiederkehr seines Herrn und Kaisers.
Aus jedem ihrer Worte, aus jeder Geste sprach die Liebe zu ihrem Vater und weckte in mir große Bewunderung. Dabei war aber auch das schmerzliche Wissen um den frühen Verlust meines eigenen geliebten Vaters. Gleichzeitig fühlte ich eine heiße Dankbarkeit, dass Gott mir meine liebe gute Mutter gelassen hatte; Sissy teilte meine bittere Sorge um ihre Krankheit und Not und meine Verzweiflung, nicht an ihrer Seite sein, ihr nicht beistehen zu können!

Zuviel aber auch, was uns beide zusammenführte! Zwei junge Menschen, die mit heißen Herzen eine befreite Heimat ersehnten!
Dazu kam, dass Sissy's Schönheit und Charme eine noch nie gekannte Unruhe und wildes Herzklopfen in mir hervorriefen. Es war das erste Mal, dass ich dem Begriff "Liebe" eine andere Bedeutung gab, als die der Liebe zu meiner Mutter, zu meiner Familie, zu Österreich.

*   *   *   *

Einen ganzen langen wunderbaren Tag verbrachten wir miteinander, trotz der durchwachten Nacht verspürten wir kaum Müdigkeit.

Nach Sonnenuntergang traten wir auf die Terrasse in eine herrliche Abendstimmung - die Pracht der eben in das dunkle Blau der Nacht übergehenden Gipfel der Beskiden. Eine große Ruhe lag über dem Land, neben mir stand die geliebte Frau in Gedanken versunken - wie ein direkter Kontakt von Seele zu Seele.

Dieser vielleicht wichtigsten Begegnung in meinem bisherigen Leben war schon im Vorhinein ein Ende gesetzt. Das beglückende Empfinden, den gleichen Gefühlen von ihr auch für mich sicher zu sein, sollte nur noch für kurze Stunden währen! Gleich morgen Vormittag musste Sissy in besonderem Auftrag nach Prag fahren - mit der Zusicherung von Subventionen namhafter, verlässlicher Freunde, nach sorgfältigster Vorbereitung und mit Gottes Hilfe musste gelingen, was sie mir nicht verraten durfte, um mich zu schützen.

Doch ich konnte mir nicht helfen! Zu sehr genügte diese kurze Zeit des Beisammenseins um uns erkennen zu lassen, dass wir füreinander bestimmt waren! Eine verzweifelte Stimme in mir bestand darauf, dass wir jungen Menschen auch ein Recht auf Glück besaßen und nicht nur, täglich darüber nachdenken zu müssen, ob man heute, morgen oder schon in nächster Minute geholt wird.

Immerhin waren wir noch nicht einmal 20 Jahre!

Hatten wir nicht, hatte nicht jeder Mensch Anspruch auf ein ruhiges Leben ohne Angst?

Mit zahllosen Argumenten, auf große und kleine Gefahren hinweisend, versuchte ich meiner Sissy klar zu machen, dass das Ausmaß der Verantwortung, das sie für andere Menschen auf sich nahm, an Vermessenheit grenzte. Ich weiß nicht mehr, was ich noch alles ins Treffen zu führen versuchte. Immer wieder kam ich auf den Punkt zurück, dass ihre aktive Arbeit im Untergrund zu gefährlich wäre für eine junge Frau, für eine behütet aufgewachsene Idealistin.

Diese und ähnliche Gedankengänge umschreibend, schrak ich innerlich zurück vor der Erkenntnis, dass meine Abredungsversuche nicht nur auf nüchtern-logischen Gründen fußten sondern auch sehr menschliche, egoistische Hintergründe hatte.

„Mein lieber Freund, jedes hohe Ziel setzt - wie die Kunst, wie die Musik, die du so liebst - bedingungslose Hingabe voraus, fordert uns immer wieder neu heraus, stark zu bleiben und den vorgezeichneten Weg weiter zu gehen. Auch ich habe meine Träume und banalen Wünsche; nach einem ganz normalen Tagesablauf, nach einem normalen, guten Leben - an der Seite eines guten Mannes...", sprach Sissy meine innersten Gedanken mit roten Wangen aus.
Ungestümes, heißes Verlangen stieg in mir auf, es wollte sich ihren Erklärungen entgegensetzen, um das eigene drohende Empfinden einer dumpfen Angst, einer Ahnung von etwas Unbekanntem, Furchtbarem, das unweigerlich kommen musste, zu ersticken. Unerbittlich eilte die Zeit dahin. All' die dunklen Fragen, die mir durch den Kopf gingen, ließen mich frösteln. Stumm starrte ich in den sternenklaren Nachthimmel.
Sissy rückte näher an mich heran, lag wunderbar warm und weich in meinen Armen, schweigend - bis sie plötzlich hell auflachte, meine Gedanken unterbrechend mit den Worten: „Ich wusste, dass du mich verstehen wirst! Du bist ja nur deswegen gegen meine Pläne, weil du in deinem Herzen ganz andere Pläne für uns ausheckst. Aber wie willst du es denn zum Goldenen Vlies bringen, wenn du um eines klei-

nen Mädchens Willen, das zufällig ein paar hübsche Beine hat, bereit bist, all' deine Grundsätze gleich über Bord zu werfen?"

„Ja, meine liebe Sissy, das verstehst du noch nicht! Dazu bist du noch zu jung!", lachte ich.

Damit war diese Leichtigkeit, die uns beide wie ein Zauber umgab, wiederhergestellt; mit immer freier und leichter werdendem Sinn plauderten wir von diesem und jenem, politisierten über die Gegenwart und bauten Luftschlösser für die Zukunft.

„Der Österreicher hat ein Vaterland und liebt's und hat auch Ursach' es zu lieben!", zitierte mir Sissy, eng an mich geschmiegt, aus dem Werke von Grillparzer.

„Ja, wahrhaftig Sissy, wir haben Ursach' unsere Heimat zu lieben - und wenn es sein muss, auch das höchste Opfer zu bringen", erwiderte ich, wenn auch mit wehem Herzen, was mir zum Dank jedoch einen leuchtenden Blick und einen langen Kuss eintrug.

„Mein Liebster, wir beide haben Schönheit erlebt, Humanismus, Zeugen vergangener Größe - ich in Prag, in Pest und du gleich mir in unserem geliebten Wien - mag die Härte unseres Kampfes auch noch so schmerzliche Opfer von uns fordern, unserer Liebe immer wieder Trennung und Verzicht abverlangen, wer berufen ist zu höherer Sendung, ein großes Ziel vor Augen - die Wiederherstellung von Humanismus, von Menschlichkeit - dem bleiben schwerste Prüfungen nicht erspart - bis zu unserer Freiheit, an die ich glaube genauso wie ich an dich glaube. Möge dieses Wissen dir ab und zu Trost und Stütze sein!"

So viele liebe Worte konnte ich nur mit einem weiteren Kuss belohnen, mir innerlich gelobend, sie fest in mir zu verankern.

Nervös und zerfahren warteten wir schon seit elf Uhr auf den längst überfälligen Zug nach Prag. Das zermürbende Warten kostete Nerven. Wenn ich nur schon den Abschied hinter mich gebracht hätte! Vielleicht hatte Sissy recht, als sie mir zugeredet hatte, zu Hause zu bleiben oder wenigstens mit Victor die nachfolgenden Stunden zu verbringen.

Schließlich kam der gefürchtete Augenblick, in dem mir meine Sissy tapfer die Hand reichte, mir einen Brief für mich und einen für Gustl zusteckte und ein Medaillon um den Hals hängte. Sie machte ein Kreuzzeichen auf meine Stirn, verabschiedete sich mit den Worten: „Viel Glück, mein lieber Sepperl" - das erste Mal den Lieblingsausdruck meiner Mutter und meiner Geschwister gebrauchend - „und möge mein geweihtes Medaillon dich beschützen!"

Ein letzter Kuss noch, dann lief ich solange ich konnte neben dem Zug her, bis sich endlich doch uns're Hände lösen mussten. Hätte mir meine Sissy nicht zugerufen: „Ich bin in zwei Wochen zurück! Wartest schön auf mich, ja?" - wer weiß, ob ich nicht vielleicht doch noch aufgesprungen und ohne die Folgen zu bedenken mitgefahren wäre.

Auf dem Rückweg wäre ich beinahe einer Kontroll-Streife in die Hände gelaufen.

In Sissys Wohnung zog ich wieder diese verdammte Uniform an. Ich fiel auf Sissys Bett und schlief augenblicklich ein.

24. Juni 1942

Als ich erwachte, orientierungslos, benommen, in zerknitterter Uniform, kam Victor und begleitete mich zurück in die Kaserne und zu Gustl.

Dieser anbrechende Morgen mit all' meinen Sorgen um Sissy lastete zu sehr auf meinem Gemüt als dass mir Gustls tröstende Worte „... es wird schon alles gut gehen, vertrau' nur auf den Herrgott, Pepperl", wirklich helfen konnten.

Gustl bereitete mich darauf vor, dass ich noch am selben Nachmittag zum Kompanie-Chef musste.

Dieser stellte mir einige unangenehme Fragen wegen Charlie. Es gelang mir, mich überzeugend ahnungslos zu stellen - zu viel stand ja auch für meine Freunde und Mitwisser auf dem Spiel!

Zum Glück waren anscheinend andere Belange wichtiger für die Herren Offiziere, man ließ mich bald gehen, völlig entgegen den sonstigen Gepflogenheiten in der NS-Wehrmacht.

Ende Juni 1942

Die Benommenheit wollte auch in den nächsten Tagen nicht von mir weichen.

Hätt' ich nicht durch Gustls Intervention verschiedentlich Vergünstigungen gehabt - meine Dauer-Nachturlaubskarte, alle Verpflegungsmarken, ich glaub', ich hätte irgendwann die Nerven verloren und irgendeine Dummheit begangen.

Auch wenn ich dank Gustl weniger Angst vor willkürlichen Kompaniediensten und diversen Schikanen haben musste, war nach meiner Rückkehr in die verhasste Wehrmachtskompanie der Alltag mit den NS-Ausbildnern und den sogenannten Kameraden durch meine Begegnung mit Sissy jetzt noch ungleich schwerer zu ertragen.

Wegen einer Belanglosigkeit hetzte uns der Zugführer einen ganzen Tag mit Gasmaske über das Gelände.

Egon wäre beinahe wieder, wie schon so oft, im Bau gelandet, nachdem er einem Feldwebel im Casino die Ehrenbezeugung verweigert hatte.

Mir kam es vor, als ob ich Monate von der Kompanie weg gewesen wäre.

29. Juni 1942

Heute Brief aus Prag von Charlie an Victor erhalten, dass Charlie gesund in Prag angekommen und mit seinen neuen Papieren unter anderem Namen untergetaucht ist. Im Brief auch eine Bemerkung über Sissys Mutter und ein Satz über mich: „Ich hab' mir ja gleich gedacht, dass unser Pepperl rettungslos dem Zauber der Tochter Libussas verfallen wird."
Ob Charlie und Sissy sich wohl treffen konnten? Charlie würde mir sicherlich gut aufpassen auf meine Sissy!

Gut, dass ich Nichtraucher bin und ausgerechnet unser Spieß ein leidenschaftlicher Raucher. Nachdem er sich obendrein mit seinem Kurier zerstritten hatte, musste er um den Nachschub seiner Rauchwaren bangen. Diese Umstände sorgten dafür, dass meine Zigarettenrationen nicht zu verschimmeln brauchten sondern mir und meinen Freunden zu manchen kleinen Vorteilen verhalfen: Auf die Frage, ob ich trotz meiner Kommandierung als Putz Kompanie-Dienst

machen sollte, antwortete unser Spieß: „Nein! Schütze Leopold ist einer meiner besten Männer! Erfüllt sein Soll zu meiner vollsten Zufriedenheit!"
Ja, ja, ein Nichtraucher hat so seine Chancen...

Keine Nachricht von Sissy.

1. Juli 1942

In Begleitung von Egon Rendezvous mit Sissys Freundin Helly im Domhof.
Auch sie war ohne Nachricht von Sissy; meine Hoffnung, dass sie durch ihre Kontakte Neuigkeiten über Sissys Mission in Erfahrung bringen konnte, wurde bitter enttäuscht. Ich stellte ihr Egon vor, mit dem sie schon bald in ein angeregtes Gespräch über Politik vertieft war, während ich nicht in der Lage war, dem Thema zu folgen und mich verabschiedete. Nachher sah ich die beiden einträchtig beim Waldbad verschwinden.

7. Juli 1942

Gustl teilte mich Leutnant Möbius zu, einem allseits beliebten Offizier, der in Afrika an der Front verwundet worden war. Unter ihm hatte ich mehr Freizeit, weil er oft auf die sinnlosen Übungen verzichtete, die die anderen Offiziere und Ausbildner so liebten. An manchen Tagen konnte ich schon mittags in Sissys Wohnung sein.

Bis spät in die Nacht saß ich mit Victor zusammen. Nach wie vor warteten wir auf eine Nachricht, auf irgendein Lebenszeichen von Sissy.

13. Juli 1942

Auf der Abstellungsliste stand Gustl eingetragen für einen Tagesurlaub in Prag...

Ich vertilgte eine große Portion Erdäpfelschalen mit Essig und Kaffee. Die Wirkung stellte sich umgehend ein. Mein kläglicher Zustand ermöglichte es mir, mich glaubhaft krank zu melden. Zwischen Bangen und Hoffen auf gute Nachricht von Sissy über Gustl, konnte ich an diesem Tag kein Nazi-Gesicht ertragen.

Am Abend meldete sich Gustl endlich zurück aus Prag und teilte mir mit, dass ich seit zwei Wochen als "Gefechts-zeichner" beim Regiment geführt wurde.

Aber keine Spur von meiner geliebten Sissy!

Briefe an Sissy

(... geschrieben aus übervollem Herzen, in langen Nächten ohne Schlaf in Angst um meine Sissy; um ihr nahe zu sein, um nicht zu verzweifeln, so ganz ohne ein Lebenszeichen von ihr! Nur sehr wenig aus diesen Briefen habe ich in kurzen Nachrichten zusammengefasst und sie einem guten Freund anvertraut, sie nach Prag zu bringen, zu Sissys Mutter. Dabei war ich mir immer der Gefahr bewusst, die ein falsches Wort in einer Korrespondenz für die geliebte Frau bedeuten konnte. -
Der restliche Stoß vollgekritzelter Blätter hat die Kriegszeit überdauert, lässt mich lachen und weinen bei ihrer Durch-sicht...)

Meine liebe Sissy!
Seit Nachmittag sitze ich in Deiner, in u n s e r e r
Wohnung, hörte mir die Nachrichten der BBC an, schrieb an
meine Mutter und an Fritzl und lese jetzt zum unzähligsten
Male Deine lieben Abschiedszeilen in Deiner wunderschö-
nen Handschrift, die Du mir am Bahnhof zugesteckt hast,
die mir Trost in meiner trostlosen Stimmung sind.
Wenn Du, meine liebe Sissy, jetzt bei mir sein könntest!
Andächtig würden wir beieinander sitzen und von kommen-
dem Glück träumen! Aber so, allein mit meiner großen
Sehnsucht nach Dir, Sissy, ich hab' so eine Angst um
Dich! Auch um Fritzl und all' meine Lieben ist mir so
bange, ich weiß nicht was ich hab' die letzte Zeit!
Gustl meint, ich soll für einige Wochen unsere Arbeit
unterbrechen, er könnte mir einen Aufenthalt in Celadna
erwirken. Was soll ich da? Gerade unsere Arbeit ist's ja, die
mir die Trennung von Dir ein bisschen erleichtert! Dass man
in so kurzer Zeit einen Menschen so lieb gewinnen kann!
Sollte es wirklich Liebe auf den ersten Blick geben? Ich
weiß, dass ich bei Dir nicht immer den starken Mann zu
spielen brauche. Du nimmst mich genau so wie ich bin und
ich kann Dir alles anvertrauen. Jeder Mensch braucht einen
Menschen, dem er sein Innerstes erschließen kann.

In Liebe Dein Sepperl

Liebe Sissy!
Von meiner Mutter übernommen habe ich die Angewohn-
heit, wenn die Sorgen zu groß werden, still in einer Kirche zu
sitzen und zu beten. Liebes, kennst Du die St. Georgs-
Basilika (unserem Schutzpatron der Pfadfinder geweiht...) in
Prag? Ich stelle mir vor, dass Du dort bist und Dir von Gott
Kraft holst. Wenn Du willst, soll es für uns ein Ort sein, wo
wir uns in Gedanken treffen können!

So viele Ideen gehen mir durch den Kopf, hier nur eine (eigentlich ist sie durch die Spitzweg-Kopie in Deinem Zimmer entstanden): Vielleicht könnte ich, oder Du, oder Gustl, mehrere farbige Karten, vielleicht Kunstkarten, ankaufen und in zwei Teile zerreißen, dann steckt sich jeder eine halbe Karte ein, als geheimes Erkennungszeichen für Notfälle. Anders ausgedrückt, mache ich mir bittere Vorwürfe, dass ich nicht doch mit Dir mitgefahren bin!
Vergiss nicht, mich in Dein Gebet einzuschließen, so wie ich's nicht vergesse!

Dein Dich liebender Sepperl

Liebste Sissy!
Wieder ein Tag ohne Nachricht von Dir. Da fällt mir ein: Sag', wie soll ich Deinen Satz verstehen: „... du hast deinen Teil gehabt, fordere nicht mehr", erinnerst Du Dich? Er geht mir jetzt schon die ganze Zeit im Kopf herum. In letzter Zeit kommen mir Erinnerungen an Gesprächsfetzen von uns, gewinnen für mich immer mehr an Bedeutung, wie wenn dadurch mehr von Dir bei mir sein kann...
Dürfen wir nicht mehr hoffen? Du hast den Satz so eigenartig betont; mit übergroßem Ernst, mag es mir jetzt erscheinen, hast Du dieses Zitat von Dante ins Gespräch geworfen - liebste Sissy, ist es denn wirklich so, verdienen wir uns nicht schwer genug unsere kurzen Stunden Glück? Müssen wir nicht lange genug zehren? Ach Sissy, ich hätte Dir so viel zu berichten, einiges habe ich gearbeitet in den letzten Tagen, auf das Du stolz sein wirst!! Wenn wir erst einmal verheiratet sind, wird es in der Waagschale liegen, ob ich einer Frau wie Dir würdig bin...
Victor hat erst kürzlich über mich gesagt: „In zwei Monaten hat mein künftiger Neffe die gesamten Truppen analysiert,

die für unsere Arbeit in Frage kommenden Personen raus-
gegriffen und ein Heer im Heer aufgestellt!" Bestimmt wollte
er mich durch dieses Lob vor allem anspornen, trotzdem
freue ich mich. Auch darüber, dass er mich schon als zu
euch dazugehörig anspricht. Wir versuchen uns gegenseitig
Mut zuzusprechen, wenn leere Stunden zu Tagen werden
ohne Dich.
Von Fritzl erhielt ich schon lange über das Höchstmaß
unserer vereinbarten Zeit hinaus keinerlei Nachricht. Auch
nicht über Wien! Bin sehr in Sorge. Seine geplante Aktion
(Du erinnerst Dich...) will er erst als ausgebildeter Fallschirmjäger starten.
Wann darf ich bei Deiner Frau Mutter vorsprechen? Ohne
Dich geh' ich eigentlich nicht gerne hin! Du weißt ja, da sind
alle Männer eher feig. Sissy, jetzt mache ich aber wirklich
Schluss!
Eben spielt's den Donauwalzer in unserer BBC! Sissy,
schreib mir bitte bald. Nein, schreib mir lieber nicht! Deine
Sicherheit ist oberstes Gebot! Aber bitte, bitte gib Nachricht,
sobald es sich irgendwie einrichten lässt...
Sei recht lieb gegrüßt,

Dein Sepperl

Liebe Sissy!
Ein böser Zwischenfall mit einem Wiener Akademiker hätte
bald unangenehme Folgen gehabt. Er gab sich als Wiener
Patriot aus und ist dabei einer von der üblen Sorte "März-
veigerln", den heutigen 200-prozentigen Nazis!
Überall Verrat und Angst. Ich habe gleich wieder diese
Angst um Dich im Hals gehabt!
Aber Gott sei Dank endlich Nachricht von Fritzl.
Eben endete das Nachtkonzert, eine Übertragung von der
Mailänder Scala, großartig! Ich höre überhaupt sehr viel

Musik bei Dir - das heißt: bei   u n s   - so Du damit einverstanden bist...
Gerne sitze ich die halbe Nacht in Deinem Fauteuil neben dem Radiotischerl und lasse mich von den überirdisch schönen Klängen herrlicher Musik trösten: Haydn, Schubert, das "Ave Maria" von Gounod und
unser "K a i s e r w a l z e r" ! !
Sissy! Auf den Tag freue ich mich unbändig, wenn ich auf meinen ersten Ball gehen und mit Dir gerade diesen Walzer tanzen werde! Das mag Dir vielleicht übertrieben klingen, aber es ist mein fester Wille, diesen meinen Vorsatz zu halten: Ich gehe erst dann auf einen Ball, ich ziehe erst dann meinen ersten Smoking an, wenn wir wieder zusammen sind und wenn Otto von Habsburg als unser Kaiser in Wien ist! Nicht früher! Du wirst Dir denken, mein Sepperl schießt wieder einmal weit über das Ziel hinaus, siehst Du, wie viel Arbeit Du noch an mir hast? Für ein ganzes Leben lang hast Du mit mir zu tun, fleißig zu tun!

Wie Wiener Musik ohne einen Ziehrer oder Lanner undenkbar, wie neben einem Raimund ein Nestroy steht, wird schließlich neben Otto von Habsburg Dein Sepperl steh'n!!
Gell, bescheiden bin ich gar nicht? Aber erstens weiß unser künftiger Kaiser nichts von meiner kollegialen Auffassung, und wenn er's wüsst', würd' er sicherlich stolz auf seinen Getreuen sein. Oder bin ich auch hier wieder zu unbescheiden? Wenn ja, macht's nix, denn Du verstehst mich schon wie es gemeint ist. Wenn nicht, so musst Du Dich eben selbst bei mir erkundigen, meine kleine Sissy! - oder besser: große Sissy; liebe schöne große wunderbare Sissy!

Dein Sepperl

Liebste Sissy!

Heut' schreib' ich Dir aus unser'm Wien, es ist der 1. August, ich warte auf Nachricht von Dir, jeden Tag, jede Stunde...

Zwei Wochen lang bin ich als Erntehelfer eingeteilt, ich danke Gott, dass es so sein sollte, dass ich in die Umgebung von Wien geschickt wurde und meine geliebte Mutter sehen kann.

Ernteeinsatz

Sie sah mich an, sah mir in die Augen und wusste gleich, was ihrem Sepperl durch Dich an Großem begegnet ist.

Sie musste nicht viel fragen, gab mir ihren Ring, unseren Familienring, als ersten Gruß an Dich in diesen schwierigen Zeiten. Als sie meinen Vater kennenlernte, erhielt sie diesen Ring von seiner Mutter. Noch jede Leopold trug ihn vor der Ehe und gab ihn an die nachkommende Generation weiter. Er soll auch uns Glück bringen, wenn ich Dich überrasche in Deinem Domizil. Ja, Sissy, ich kann's nimmer für mich behalten! Ich werde Dich nämlich überraschen. Aber ich sage Dir noch nicht, w i e.

Doch keine unbeschwerte Fröhlichkeit kann hier aufkommen. Zu sehr sind wir alle von dem bitteren Ereignis um meinen Onkel Hans bedrückt. Am Abend der Namenstagsfeier meiner Mutter war ihr Bruder noch unter uns - vor einigen Tagen holten sie ihn vom Schreibtisch weg.

Was wird mit ihm am Morzinplatz geschehen? Da kommt doch kein Mensch gesund heraus! So sehr man auch alles überwacht, es sickern doch die einen oder anderen Nachrichten durch, vom Morzinplatz immer nur die schlechtesten! Werfen schlimme Ereignisse ihre Schatten voraus?

Brief von Fritzl! Er wurde in seiner Brigade Kompanie-Chef; hat als einer der Besten die Fallschirmspringerprüfung in Wittstock bestanden, seinem Plan, als voll ausgebildeter Fallschirmspringer nach England zu kommen und von dort aus unserer Heimat zu helfen, wieder ein Stück näher.
Fritzl will am 18. August, am Geburtstag von Kaiser Franz Joseph, die Flucht wagen. Gebe Gott, dass sie ihm gelingt. Es würde bedeuten, meinen Bruder für lange Zeit nicht zu sehen und unserer Mutter inzwischen fingierte Feldpostbriefe zu schicken, damit ihr krankes Herz durchhält bis ich authentische Nachricht habe, dass Fritzl sicher und gesund in England gelandet ist. Wie soll ich's meiner Mutter beibrin-

gen? Es ist alles eine Last für mich, die ich jeden Tag neu trage und jeden Tag habe ich meine Zweifel, wie ich das alles durchstehen soll. Vielleicht könnte es Fritzl möglich machen, dass er nach Südfrankreich und von dort in die Schweiz kommt. Aber er will unbedingt nach England. Wo unser aller Fäden zusammenlaufen werden, ahne ich schon; auch in Aosta müsste es gehen, doch ich richte mich nach meinem Bruder, Fritzl hat sicherlich seine besonderen Gründe für seine Pläne.

Am 8. August treff' ich mich im Matschakerhof mit meinem ehemaligen Chef-Stellvertreter. Er ist ein Linzer Baron - ein Baron nicht nur aus den Familienverhältnissen heraus sondern in seinem ganzen Wesen; er bangt mit uns um meinen guten Onkel, ist ganz lieb mit seiner Einladung an mich, den soviel jüngeren, herangetreten. Ob ich mich ihm anvertrauen kann? Zuviel geht mir durch den Kopf! Er ist ein guter Mensch, Du wirst ihn schätzen! Halb erhoffe ich mir von ihm Bestärkung für meine, unsere Pläne, halb erwarte ich von ihm den väterlichen Rat, lieber nichts zu riskieren und, aus Rücksicht auf meine Mutter, nicht die allseits herrschende Bedrohung auch noch herauszufordern!
In solchen Seelenkämpfen und inneren Zweifeln kann kein Mensch, da kann nur Gott helfen! Aber ich hab so ein Bedürfnis, mit jemandem zu reden und Halt zu finden; jeder einzelne Tag in Sorge um Dich kostet mich so viel Kraft und lässt mich ganz verzagt werden.

Dein Sepperl

Liebe Sissy!
Hoffentlich kannst Du bald meinen geliebten Bruder kennen lernen. Ich weiß schon nicht mehr, was ich gerne alles tun würde, um ihm eine kleine Freude zu machen. Gestern

wollte ich ihm bei der Durchsicht seiner Sachen schon seine Lieblingsschallplatte (es ist eine Aufnahme von Don Giovanni, mit den wunderbaren Sängern Tito Schipa und Toti dal Monte, ein Geburtstagsgeschenk unserer lieben Mutter) einpacken und ihm schicken, aber wohin? Wo ist Fritzl, wo bist Du, wo sind meine geliebten Menschen... - Gell, heut' bin ich wieder einmal besonders durcheinander mit meinen Herzensangelegenheiten. Aber Du weißt ja, dass nur mein Bestreben, nicht sentimental zu werden, anderes in den Vordergrund treten lässt; gescheit und einfühlend wie Du bist! Aber ich kann ja auch keine dumme Frau brauchen. Als ich dann Fritzls Mozartplatte auflegte, kamen mir die Tränen der Sehnsucht nach Dir. Warum konntest Du nicht neben mir sitzen! Du weißt, musst unbedingt spüren, dass ich fortwährend an Dich denke! Doch umso schöner wird es dafür später werden, wenn wir Frieden haben und nicht mehr unser Doppelleben führen müssen, wenn wir mit sicherem Gefühl im Wiener Konzerthaus sitzen können...

Es ist so wunderbar und gleichzeitig seltsam, in meinem vertrauten Zimmer zu sitzen... Sissy, ich möchte Dir gerne etwas zeigen, aufschreiben - es ist ein kurzer Josef Weinheber-Text, den vor ein paar Jahren, wie vor langer Zeit, mag es mir scheinen, mein geliebter Bruder bei einem Besuch in der Kaisergruft vorgelesen hat - ich schreibe ihn ab von dem abgegriffenen Zettel, den ich auf dem Tischerl neben Fritzls Bett gefunden habe, weil Josef Weinhebers Worte eine Stimmung ausdrücken, die Deinen Josef in seinem Herzen trifft und wie ich glaube auch Dich:

„Schweig! Besinn's! Tritt ein in die Nacht! Gesetzt ist hier dem Weg ein Ziel: was befahl, beschied sich und was groß war, ruht: Das gekrönte Haupt und all' die Hände der Taten, Schwert und Kreuz, überkommne Kraft des Zepters,

Schlacht und Sieg, und der Fahne wilder Schwung und Schild vor Prunk, und des Adlers Herz und unsterbliches Zeichen. Düst'rer Sarg zu Särgen: und trägst doch, starrer Schädel, noch die Krone? Ja, Staub, er wird zu Staub. Doch Fürst bleibt Fürst. Nur die Bettler sterben ganz mit dem Fleische.
Gingen Bettler denn, wenn Könige bleiben? Dann müssen Fürsten hinab, weil jenen Schwachen nichts gelang als ihr Fleisch, dies Wuchern zwischen zwei Dunkeln.
Nein. Kein Tod gleicht aus. Die verwandelt ruh'n, sind wie hier: für ewig. Ein jeglich' Zeichen bleibet! Unser bitterliches Maß der Ehrfurcht wie des Vergessens."

So, Schluss für heute, Liebes,

Dein Sepperl

Liebe Sissy!
Manchmal wünschte ich, als ein g'standenes Mannsbild, meiner Mutter ganz mein Herz auszuschütten! Und doch kann man nicht alles seiner Mutter sagen, das heißt - schon, aber man möchte ihr gerne etwas von ihren Sorgen und Ängsten abnehmen, anstatt sie noch mehr in Sorge zu ver- setzen. Seit sie ahnt, wie sehr ihre Kinder sich getreu ihrer Erziehung für Freiheit und Recht einsetzen, ist sie jetzt vollends weiß geworden! Dabei fühlt sie es nur in ihrer Liebe, jedoch nicht annähernd vermutet sie, w i e   w e i t, w i e   s e h r wir uns unser'm Österreich verschrieben haben. Doch wir alle gehen den uns vorgeschriebenen Weg. Ich will Dir jetzt Worte meiner Mutter senden:
„Immer die Sonne suchen, denn die Sonne ist's, was wir brauchen. Wir können nicht knospen und blühen ohne ihre Wärme.

Wir werden uns're letzte Kraft herschenken, unser letztes Wollen wird sich entblättern wenn wir sie nicht über uns wissen und nicht in uns."
Nun mache ich aber Schluss, meine liebe Sissy, ansonsten wirst Du mit dem Lesen nicht fertig und vergisst auf das Wichtigste, dass ich Dich unsagbar lieb habe!!

Immer
Dein Sepperl

Nachricht von der Hinrichtung

20. August 1942

20 Minuten vor neun Uhr erhielt ich über Gustl folgende chiffrierte Nachricht von Victor:
„Sissy wurde am 18. August mit elf Patrioten in Prag von dem Senat des Blutgerichts wegen Spionage und Mitwirkung an den Vorbereitungen zum Mord am Reichsstatthalter Heydrich hingerichtet."

23. August 1942, abends

Eine kleine Frau in Schwarz wartete vor dem Kaserneneingang auf mich, Sissys Mutter. Sie konnte mir keinen Trost geben und ich hatte auch keinen Trost für sie. Sie steckte mir ein engbeschriebenes Stück Packpapier zu, von einem

Priester und Menschen aus der Gestapohölle herausge-
schmuggelt.

In Sissys gleichmäßiger Handschrift, unwirklich wie die ganzen letzten Tage, stand auf dem Stück Papier zu lesen:
„… wir haben jeder unsere Aufgabe auf Erden zu erfüllen.
Wir alle müssen stark bleiben, jeder seinen vorgeschriebenen Weg gehen.
Und jetzt noch eine letzte Bitte: Einen lieben Gruß an
meinen Sepperl!!!
Meinem Sepperl danke ich noch ein letztes Mal für alles.
Sepperl soll nicht irre werden an den unerforschlichen Be-
schlüssen unseres Herrgotts -
um 4 Uhr können wir noch einmal kommunizieren,
um 5 Uhr werden wir zum Schafott gebracht.

Dass mich mein lieber Freund rein und echt liebt, fühle ich
untrüglich. Doch wenn er einmal - eine zweite Sissy findet,
dann möge er auch noch der ersten ein kleines Stück seines Herzens freihalten!
Klafft die Erde auch auseinander, stürzt der Himmel ein,
mischen sich Berge und Meer, tapfere Herzen wissen, eines
wird bestehen: Unzerstörbar bleibt ewig die Idee zu einem
reinen, heiligen Kaiserreich.
Sepperl und seine Freunde werden unter denen sein, die
unseren Weg weiter gehen, damit unser Tod nicht sinnlos
war.“

20. September 1942

Brief von Fritzl:
Liebe Worte zu dem furchtbaren Unglück, Trostworte wegen
meiner Sissy.

Er ermutigte mich, mich nicht fallen zu lassen und die Arbeit, auch für sie, weiterzuführen!
Offensichtlich war Fritzls für 18. August geplanter Fluchtversuch fehlgeschlagen.

Tagebuch-Nachtrag am 1. Jänner 1943

21. Oktober 1942

Wurde von einem Organ der AST (Abwehrstelle) verhaftet und nach Glatz gebracht.
Einen Tag vor meinem Geburtstag.

Alles ist so unwirklich seit der Nachricht von Sissy's Hinrichtung, ich lebe wie in einem seltsamen Nebel...

Ende Oktober 1942

Überstellung von Glatz nach Prag/Pankraz

3. November 1942

Sechstes Verhör gehabt, wusste noch immer nicht, was sie eigentlich von mir wissen wollten. Nach wie vor war weder von Victor, noch von Gustl oder Konetzny die Rede. Auch keine Fragen über meinen desertierten Freund Charlie.

Die ganze Zeit über dieses unheimliche Gefühl, nicht abschätzen zu können, wie viele Informationen sie wirklich über uns haben!

9. November 1942

Endlich nach den vergangenen endlosen Verhören wurde jetzt direkt der Verdacht auf Mithilfe zur Spionagetätigkeit gegen mich ausgesprochen:
Allein wegen einer Meldung von Leutnant Berchter über meine Bekanntschaft mit Victor hatte die Spionageabwehrstelle innerhalb der Wehrmacht veranlasst, mich verhaften zu lassen.

Auf Spionagetätigkeit stand die Todesstrafe!

Ende November 1942

... zum 11. Mal verhört - immer die gleichen zermürbenden Fragen, immer dieses zermürbende Warten!

Herrgott ich danke Dir, dass Du mir mit dem mutigen Vorbild meiner Sissy einen Fingerzeig gabst, wie ich mich verhalten soll.

7. Dezember 1942

Überstellung aus Pankraz zurück in Garnison und in Arrest.

Ende Dezember 1942

Gustl veranlasste, dass ich mich mit "Blinddarmentzündung" krank melden konnte, raus aus dem Arrest - einer der gefährlichsten Spitzel, Forntram, war seit Ende November weg, alles wurde ein bisschen leichter...

Am Heiligen Abend um 14 30 Uhr Nachmittag lag ich, dank Gustl, wegen "Blinddarmdurchbruch" auf dem Operationstisch.

Meinen Blinddarm war ich jetzt los; hoffentlich auch bald Muhr, meinen Bettnachbarn. Toni Muhr war so ganz anders als alle anderen, die nicht zu meinen engeren Vertrauensleuten zählten, er war aber auch offenbar nicht einer der "Nazibrut". Er lamentierte mir zuviel - ich konnte mich des Gefühls nicht erwehren, dass der gute Mann versuchte mich auszuhorchen. Obwohl er angeblich schlechter dran war als ich, erholte er sich sogar rascher bei gleicher Behandlung. Wahrscheinlich hatte er genauso wenig Blinddarmdurchbruch gehabt wie ich selbst.

Der vormalige Arrest war erst einmal unterbrochen...

3. Jänner 1943

Lernte einen Oberarzt näher kennen. Ein ganz großartiger Mensch, dieser Dr. Wenzl! Er half, wo er nur konnte, um den Kriegsversehrten das Leben zu erleichtern und sie solange wie nur möglich in der ärztlichen Kriegsverwendungsunfähigkeits-Maschinerie festzuhalten! Das erste Mal, dass ich begriff, dass Frontsoldaten, auch überzeugte Nazis, in erster Linie Menschen waren. Verwundet, voller Angst in ihrem Elend, blieb oft nicht viel übrig von den vormals großen Ideen und der klägliche Mensch kam zum Vorschein. Immer im Gedächtnis bleiben wird mir ein an beiden Beinen amputierter Hauptmann, der um eine Pistole bat, als er erfuhr wie's um ihn stand! Wer wird all denen nach einem

verlorenen Krieg weiterhelfen? Wer wird ihnen Arbeit geben, wenn sie nicht ohnehin der Russe umbringt...
Blindwütig rannten sie in ihr Verderben. Alle diese Menschen müssten nicht leiden, meine Sissy könnte noch leben, wenn nicht selbstherrliche Menschenfeinde diesen Wahnsinn in die Welt gebracht hätten!

23. Jänner 1943

Erster Ausgang nach meinem Krankenlager. Ich spielte Ordonanz im Casino, bediente die verhassten "Herrenmenschen" und konnte so manches hören, was unserer Arbeit zuträglich sein konnte...

Auffällig war, dass ich in letzter Zeit die Feldpost bis zu zwei Wochen später erhielt als die anderen Soldaten. Kein Brief an mich, der nicht geöffnet war, kein Packerl, das nicht aufgerissen und durchwühlt war.

26. Jänner 1943

Neuigkeiten aus dritter Hand: Mit ein Grund für meine Verhaftung durch die AST war, dass sie sich über unsere Familienverhältnisse informiert hatte.
Unterlagen über Fritzl besagten, dass er vor kurzem „vorsichtshalber nach Osten versetzt" worden war. Offensichtlich konnte man an Kompanie-Chef Friedrich Leopold keine glaubhafte Begeisterung für nationalsozialistisches Gedankengut ausmachen...

Fritzl nicht in England in Sicherheit, sondern unbekannten Aufenthaltes irgendwo im Osten! Mein geliebter Bruder, der, obwohl nur zwei Jahre älter, die Vaterstelle an mir vertrat!

Gustl brachte mir die Nachricht, dass die Anklage gegen mich endgültig fallengelassen worden war. Immer wieder nahm er sich Zeit, um gemeinsam mit mir die verschiedenen Hintergründe meiner Verhaftung und deren mögliche Auswirkung auf unsere zukünftige Arbeit zu ergründen.

Fest stand jedenfalls: Leutnant Berchter hatte versucht, durch Helly etwas über mich in Erfahrung zu bringen und damit die Aufmerksamkeit auf meine Person gelenkt. Dann soll der Fotograf L. angedeutet haben, dass Helly, die zu dieser Zeit ständig observiert worden war, durch eines Leutnants Putz aus Wien - das war ich - mit einem bekannten Monarchisten - Victor - in Verbindung stand.

Gustl konnte meinen Kontakt zu Helly als harmlose Verliebtheit darstellen. In Form einer Stellungnahme meines Leutnants Möbius erreichte er, dass ich als "jugendlicher, nicht ernst zu nehmender Spund" angesehen wurde.

Dass es so lange dauerte, bis die Sache endlich eingestellt wurde, war auf die Auskunft der NSDAP-Stelle meines Heimatortes zurückzuführen. Gegen mich gerichtete Unterlagen von dort hatten Vermerke aus dem Jahr 1941 bezüglich meines persönlichen Einsatzes für den von der Gestapo verhafteten Ing. Thiele sowie über meine Bekanntschaft mit dem "Halbjuden" Ing. Brück, einem Arbeitskollegen und großartigen Menschen.

Dann auch Anmerkungen darüber, dass mir wegen meinen "Aufsässigkeiten" ein Stipendium für die Ingenieursschule "verweigert" worden sei.

Dem Akt war weiters zu entnehmen, dass ich als dummer, bornierter Pfadfinderführer bekannt war.

Diese Anklagen der sogenannten "uniformierten Hinterlandstachinierer" ins rechte Licht zu rücken und dazu zu stehen, war nicht schwer, viel schlimmer meine Enttäuschung über diese Menschen, die ich teilweise seit meiner Kindheit kannte! Sie hetzten andere für ihre menschenverachtenden Ideen in Krieg und Zerstörung und verblieben selbst an einem sicheren Ort, von dem aus sie in aller Ruhe hinter ihren bürokratischen Paragraphenreitereien familiäre Zwistigkeiten versteckten: Ein mir namentlich bekannter Offizier wollte mit den Anfeindungen gegen mich meiner Mutter Angst machen, die zu dieser Zeit schon genug Sorgen hatte. Noch dazu, dass ihr Bruder Hans, Ende Juli 1942 verhaftet, vor kurzem vor den Senat des Volksgerichts Berlin gestellt worden war, offiziell angeklagt alleine wegen einer Spende über 20 Reichsmark für eine in Not geratene Familie. Vor diesem sogenannten Gericht gab's kein Recht, keine Gnade - nur Todesurteile!
Wird Hans der Letzte sein?
Oder wie viele werden noch folgen müssen?

Gott sei Dank hatten diese Herren offensichtlich keine Kenntnisse über diverse Tätigkeiten von mir und meinen Freunden. In Anbetracht der von den Nazis allgemein geübten Sippenhaftung riet Gustl angesichts meiner Verwandtschaft mit Hans zu noch mehr Vorsicht.

Meine Bewunderung für Gustl wuchs immer mehr. Unermüdlich setzte sich dieser noch junge Mann für andere Menschen ein, hatte immer ein offenes Ohr für fremde Probleme und Sorgen!

12. März 1943

Gemäß Brigade Befehl vom 12. Februar 1943, 1a (Erster Generalstabsoffizier), Wehrkreis XVII, Neuaufstellung der 25. Panzer Division, war ich als Gefechtszeichner nach Norwegen abgestellt.

Gustl brachte mich zur Bahn.

Victor und Sissys Mutter verabschiedeten sich ebenfalls von mir am Bahnhof. Sie bat mich um Sissys Medaillon - das erste Mal, dass ich einer Mutter etwas abschlug! Ich gab ihr dafür unseren Familienring, den ich Sissy nicht mehr hatte geben können.

Gustl hatte für mich die Adresse eines Freundes, eines unbedingt verlässlichen Widerstandsmitarbeiters - Oberstleutnant Otto K. - nebst einigen Zeilen an ihn. Otto würde ich in Oslo beim Stab der Panzer Jäger antreffen.

Helly fuhr bis Prerau mit, wo wir beide Abschied nahmen in der Hoffnung auf ein Wiedersehen in Freiheit.

Norwegen 1943

4./5. April 1943

An Bord der "Donau" aus Bremen, bei Windstärke 9 spät abends unterwegs nach Oslo. Mit jedem Wellenschlag kam einem hohnlachend die eigene Bedeutungslosigkeit gegenüber der Natur zu Bewusstsein. Immer wieder nahmen neue Wellen Anlauf und drohten das Schiff zu verschlingen. Durchnässte Gestalten torkelten in der Dunkelheit über das Deck, wurden fast über Bord geweht; neben mir kämpfte ein hoch aufgeschossener Jüngling am Ankerspill gegen die Wassermassen. „.... glauben Sie, dass die angeblich zu 100 Prozent wirksame geheime Entmagnetisieranlage des Schiffs uns vor einem Torpedo schützen kann?", brüllte der junge Mann durch das Sturmgetöse angesichts der Bedrohung nicht nur durch die Natur sondern gleichermaßen auch durch den Menschen. „Nun, sympathischer wäre es mir allerdings schon, wenn ich jetzt in Oslo im Bristol sitzen könnt'...", gab ich zurück.

Er betrachtete mich einen Moment sehr aufmerksam, dann huschte ein Lächeln über sein Gesicht und er zog mich mit sich unter Deck, von diesem und jenem plaudernd, wobei das meiste in dem allgemeinen Lärm unterging.

Während ich den jungen Mann näher beobachtete, bemerkte ich an seiner linken Hand einen eigenartigen Siegelring. „Mein lieber Josef, sagte dir nicht schon Gustl, dass wir Elsässer eine ganz besondere Vorliebe für solche Ringe haben?", lachte er und gab sich endlich als mein Kontaktmann zu erkennen. „Schau her - `On ne passe pas´ - niemals aufgeben, ist hier unten eingraviert. Er ist das

Erkennungszeichen unter uns Elsässer Patrioten mit unserem Leitspruch.

Mein Name ist übrigens Lucien, ich komme aus Straßburg und bin eigentlich Jus-Student. Meine Aufgabe ist es, dich mit Oberstleutnant Otto K. bekannt zu machen, der mit unserem Schiff mitfährt. Er erwartet dich schon!"

Wir schlängelten uns durch das Halbdunkel der engen Gänge, während der Boden unter uns bedenklich schwankte.

„Offiziell bin ich Ottos Putz", erzählte Lucien weiter, „wir kennen uns seit Afrika, wo ich auch schon sein Fahrer war. Privat bin ich sogar befreundet mit ihm, nicht nur sein Verbindungsoffizier und Kampfgefährte in unserer geheimen Sache".

Bei der Kabinentür angekommen, hörten wir, dass drinnen gesprochen wurde.

Auf unser Anklopfen hin trat ein junger Leutnant heraus, der sich von einem älteren Offizier mit dunkler Brille verabschiedete.

„Servus Josef - Gustl schrieb mir von dir", begrüßte mich der Offizier mit einer Selbstverständlichkeit, die mir ein eigenes sicheres Gefühl bescherte. - „Lucien, lass' uns bitte allein!"

Der Offizier stellte sich mir als „dein Otto" vor und nahm meinen mitgebrachten, leider nassen Brief von Gustl entgegen. Wir traten in eine sauber aufgeräumte Kabine. Otto bat mich, Platz zu nehmen. Er selbst ging ruhelos auf und ab, eine kleine Rede über den jungen Lucien haltend:

„... mein sogenannter Putz, ein kreuzbraver Mensch, trotz seiner Jugend absolut vertrauenswürdig."

„Herr Oberstleutnant, für wen arbeitet Lucien? Steht er im Dienste des OSS - des Office of Strategic Services?", war meine Frage.

„Ja, jedoch nicht gegen Bezahlung, sondern ausschließlich aus Idealismus für die gemeinsame Aufgabe liefert er die wertvollsten Informationen jeglicher Art."

Oberstleutnant Otto K. setzte sich auf die Bettkante und fuhr fort, wobei mir die Auszeichnung bewusst wurde, dass er mir Fremdem soviel Vertrauen schenkte: „Vor zwei Jahren kam er aus England zurück, wo er eine Spezialausbildung absolviert hatte. Sein Bruder war einer der wenigen, denen es gelang, aus einem KZ zu fliehen. Nahe an der Schweizer Grenze wurde sein Bruder von einem Freiburger Großkaufmann in ein Gespräch verwickelt. Jener lud ihn zu sich ein und versprach, ihm behilflich zu sein und ihn über die Grenze zu bringen, da gerade um diese Zeit die Grenzwache verstärkt worden war und eine fast undurchdringliche Kette an Agenten die Randgebiete kontrollierte. Nach Schilderungen aus dem KZ, welche besagter Mann mit Entsetzen anhörte, sah dieser sich als getreuer Nazi schließlich verpflichtet, die Gestapo zu verständigen! Nur mit knapper Not konnte Luciens Bruder flüchten, erhielt jedoch von einem Uniformierten einen tödlichen Schuss nachgefeuert..."

Otto zog unter seiner Matratze einen alten Grillparzer-Band hervor. „Schon dieser große Dichter hatte seinen Galomir beschrieben als jemanden fern der Künste, fern der Kultur"; ganz dazu passend erzählte mir Otto die Geschichte von einem enthusiastischen Nazi-Redner, der meinte, „… wenn ich nur das Wort Kultur höre, dann greif ich schon zum Revolver."

Otto lachte, ich mit ihm, obwohl mir diese Nazi-Rede schon bekannt war. Dann wurden wir wieder ernst.

„Unbedingt ist sämtliche Einzelarbeit einzustellen, keinesfalls auf eigene Faust versuchen, eine Revolution zu inszenieren", schärfte mir Otto ein. „Nur gemeinsam, mit genauen Vorbereitungen, können wir etwas bewirken. Bis

dahin: 100-prozentig Dienst erfüllen, damit unsere Tarnung
- fleißige, getreue Hitler-Jünger - nicht auffliegt! Zu viele
Spitzel! Besonders bei Wienern vorsichtig sein!"

Otto nahm seine dunkle Brille ab, darunter kamen über-
nächtigte rote Augen zum Vorschein in einem sorgenvollen
Gesicht.
„... speziell vier Elsässer kenne ich persönlich; sie wurden
mir nebenbei von einer dritten Seite als absolut verlässlich
eingestuft und für exponierte Aufträge empfohlen. Neben
Lucien R. noch Lucien C., Steinmetz, parteilos; Albert K.,
Schneider und René L., Hilfsarbeiter. Sie alle sind mir vom
Afrikakorps her bekannt.
Dazu unser Marquis R., ein Bourbone, er steht in Verbin-
dung mit dem ehemaligen K&K Botschafter in London, Sir
Georg Frankenstein. Marquis R. wird als Funker in Oslo zum
Stab Falkenhorst versetzt werden. Nahe stehen uns ferner
noch Joseph R. und ein Wiener, Walter K., ein Tatkom-
munist, dessen Schwester deutsche Sprecherin bei Radio
Moskau ist."
Otto schweifte ab, beschrieb nicht uninteressante Details der
psychologischen Motive hinter der Haltung der elsässischen
Menschen und sprach davon, dass mir mit seiner Hilfe ein
Rahmen geschaffen werden sollte, in dem ich mich in Ruhe
auf diverse Einsätze vorbereiten konnte.

Es war inzwischen mitten in der Nacht, der Sturm tobte
immer noch mit gleicher Heftigkeit. Otto erkundigte sich
dann auch, wie es um Gustl, seinen langjährigen Freund
stand und wie eng meine Beziehung zu Gustl war, ferner
auch persönliche Fragen an mich: wie ich dachte, was mich
bewegte. Möglichst lückenlos schilderte ich ihm den Werde-
gang meiner politischen Einstellung. Meine familiären Verhältnisse kannte er bereits.

Seine Betroffenheit wegen meiner Verhaftung war warm und echt.

Aus einer kleinen Schachtel zauberte er Kekse und ein Stück Dauerwurst. Danach stellte ich meine Frage - über Gustl, der so viel für mich tat und kaum etwas von seinen eigenen Problemen preisgab. Otto erzählte mir von ihrer gemeinsamen Zeit in Wien und von Gustls abgebrochenem Theologiestudium. Auch über Sissys Tod wusste Otto Bescheid.

Unbemerkt verstrich die Zeit. Gegen ein Uhr Früh holte mich Lucien ab, um mich mit seinen Freunden persönlich bekannt zu machen. Trotz ihrer Jugend waren sie sehr reif, ganz anders als unsere Buben daheim. Die Klänge von „Zu Straßburg..." klangen an mein Ohr; und dann: „Selig sind, die Verfolgung leiden um der Gerechtigkeit Willen; denn ihrer ist das Himmelreich", aus Kienzls "Evangelimann".

Was ich Otto nicht anvertraut hatte - wie mir ums Herz war, wenn jemand meine Zeit mit Sissy erwähnte - kam mir unter meinen neuen jungen Freunden leicht über die Lippen. Ja, sogar das Medaillon zeigte ich ihnen. Entsetzen stand in ihren Augen als ich ihnen sagte, warum Sissy sterben musste und vor allem, w i e sie starb.

Sicherlich irrte ich mich nicht, ihnen fanatischen Eifer für die gute Sache anzusehen, für die wir gemeinsam kämpften. Schweigend gaben sie mir einer nach dem anderen die Hand. Jeder Händedruck war ein Versprechen, das keine Worte brauchte. Der letzte war Walter, der sich vorstellte und dann sagte:

„Pepperl, wir wollen zusammenhalten - auch wenn Du monarchistisch eingestellt bist und ich selbst eher kommunistisch!" Er war der von Otto angekündigte Wiener! „Erst vor acht Tagen", fuhr Walter fort, „verlor ich meine Mutter und ich stehe jetzt ganz allein auf der Welt. Nichts bindet mich, keinerlei Verpflichtungen habe ich, außer die des Herzens!".

Draußen tobte noch immer das Unwetter, feindliche Angriffe drohten aus der Luft und von anderen Schiffen. Hier unten, im Unterdeck, lagen schneidige Hitlersoldaten seekrank auf den Strohlagern am Boden, unförmig anzusehen in ihren Schwimmwesten, alle Augenblicke einer wilde Flüche ausstoßend, ein anderer sich erbrechend; dazu das Stampfen der Maschinen, das das Schiff noch mehr erzittern ließ. Eine Umgebung, die wahrlich nicht an Schönes erinnern konnte und wir, am äußersten Ende der Strohsackreihe, eine Gruppe für uns und alle guter Dinge - vielleicht gerade deshalb immun gegen die Seekrankheit, weil so manche auf ihren Strohlagern aus Furcht vor all' dem Unbekannten ihre Masken an vorgeblicher Stärke fallen gelassen hatten und hinter den Grenadieren des Führers die verletzlichen, verirrten Menschen zum Vorschein kamen.

Die Marseillaise und diverse französische Volkslieder, sehr einfach, sehr melancholisch, weckten unsere Sehnsucht nach unseren Lieben, nach Frieden, nach Glück. Immer näher kamen wir einander, sprachen über unsere geheimsten Wünsche. Joseph fragte mich, ob wir nicht das Lied von Schenkendorf gemeinsam singen könnten. Tausende Kilometer entfernt von der Heimat, unter fremden Menschen, die mir in kürzester Zeit Freunde geworden waren und dazu die Klänge, die an meine Kindheit mahnten! Das Lied von Schenkendorf: „Freiheit, die ich meine...", hatten wir in der Schule auf Französisch gelernt. Das Mandolinenspiel von Joseph erinnerte mich schmerzlich an Fritzl und an seine Mandolinenabende mit uns Buben.

Immer wieder blieb mein Blick an jemandem hängen, der verloren in unbestimmte Ferne starrte, herausgerissen aus seinem normalen Leben, aus Sicherheit und Familie. Solch ein Anblick löste in mir immer wieder auf's Neue die Forderung aus, nicht nachzulassen im Kampf gegen Unrecht und

Willkür, ließ keine Ruhe zu. Wir gingen an Deck und blieben in einer geschützten Ecke in Gottes freier Natur.
Uns alle erfasste eine richtiggehende Euphorie.
Immer wilder wurde das Wetter, immer tollkühner wurden unsere Ideen. Eine Art Besessenheit erfasste uns aus Freude an der Erkenntnis, dass es auch für die Nazis eherne Naturgesetze gab. Angesichts dieser Naturgewalten erschienen die von ihnen geschaffenen Katastrophen auf einmal überwindbar.

Als ich später in der Morgendämmerung auf die Gesichter meiner schlafenden neuen Freunde blickte, löste sich die andauernde Starre in mir und es kamen die erlösenden Tränen. Endlich, nach dieser langen Zeit seit der Nachricht von Sissys Hinrichtung konnte ich weinen, mit einem Gefühl, als wäre etwas in mir drinnen für immer zerbrochen.

Überfahrt nach Oslo: Der Sturm hatte sich gelegt und wir konnten kurz an Deck.

20. April 1943: Brief von Fritzl!!

„Lieber Studd", stand in seinem lieben Brief vom 14. März - (Studd, das war ich: sein "zukünftiger Studiosus") - „aus dem Osten" - (die genaue Adresse durfte man nicht schreiben) - „herzliche Grüße; ich schicke Dir 100 RM zum Namenstag. Ehrlich gestanden, habe ich aufgeatmet, als ich von Deiner Operation erfuhr! Sorgen braucht ihr euch um mich nicht zu machen...
Dass Du die 30 RM nicht erhalten hast ist eine Schweinerei. Schicke Dir den Abschnitt von meiner Einzahlung, damit kannst Du reklamieren. Ist also nicht verloren.
Mir geht es gut. Müssen fest schaffen, was, wie und warum, kann ich Dir nicht schreiben, später einmal mündlich. Essen gut. Wetter noch saukalt. Geistig bin ich in ziemlich schlechter Verfassung, d.h. stur und teilnahmslos."

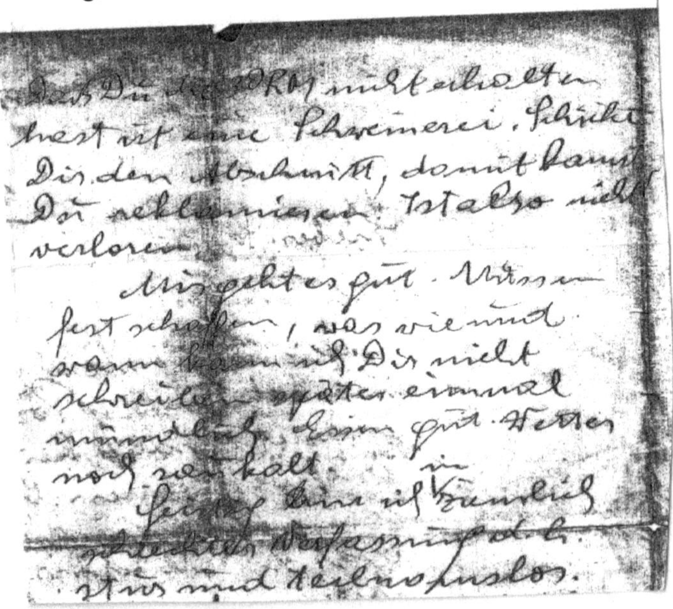

Brief von Fritzl

Stationiert im Raum Oslo, Trandum, 25. April 1943

Mitte April beendete ich meinen Spezialkurs für Gefechtszeichnen beim Stab. Ausschließlich Divisionäre, Generalstäbler und Kommandeure waren mit dieser Materie vertraut. Nicht einmal Zeichner der Spionageabwehr hatten nähere Kenntnisse auf diesem Gebiet.
Gustl, es war sehr weitblickend von dir, dass du mich für diese Ausbildung bestimmtest!

Mit meinen Vorkenntnissen aus meiner Arbeit in der Maschinenfabrik war ich ein glaubhafter Anwärter für diesen Kurs und vielleicht werde ich schon bald Gelegenheit haben, mein Wissen unserer Sache zugute kommen zu lassen. Mit dieser meiner neuen Vertrauensstelle sind gute Voraussetzungen für mich gegeben, mit entsprechender Anleitung größere Aufträge für uns're Sache zu übernehmen. Sissys Opfer darf nicht umsonst gewesen sein!

Gestern kam mein letzter Brief an Fritzl wieder zurück. Wahrscheinlich war Fritzl irgendwo in den Weiten Russlands unterwegs! Auch waren die Feldpostverhältnisse nicht gerade die besten.

Bei diversen, bei den Nazis sehr beliebten sogenannten "Planspielen" konnte ich feststellen, wes' Geistes Kinder der größte Teil der jungen Offiziere, vormals Hitler-Jugend, war. Ebenso konstatierte ich mit Genugtuung, dass sie von altgedienten preußischen Generalstäblern oft nicht ernst genommen wurden. Mit einem spöttischen Lächeln verfolgte manch' ein ergrauter General die Aktionen übereifriger, von der eigenen Wichtigkeit begeisterter Strategen nationalsozialistischer Prägung, die in seltsamen sokratischen Allweisheiten zum Ausdruck gelangten, in der Art wie:

„... bange machen gilt nich" - „... nu mal frisch ran und der Laden is' jeschmissen" - „... das jibt ne knorke Einkesselung" - „nu immer feste druff!"...

Dies und ähnlich Gehaltenes klang mir noch bis in die Nacht in den Ohren nach, gleichermaßen irritierend dabei die übertrieben forsche Ausdrucksweise und der fehlende Inhalt bei diesen in immer anderen Kombinationen verkündeten Redewendungen, Plattheiten, die diese halben Kinder sich gegenseitig zu schrien wie in einem schlechten Theaterstück.

Auch mit fundiertester Vorbereitung hätte ich nicht den Mut aufgebracht, für die hier stattfindenden Planspiele die Verantwortung zu übernehmen. Aber die schneidigen jungen Herren hatten da keine Hemmungen. In unwegsamem Gelände wurde mit Lastenseglern und dergleichen operiert und improvisiert. Da drängte sich der Vergleich mit schlimmen Buben auf, denen irgendwo im Halbdunkel einer verrauchten Buschenschenke die Fantasie durchgeht. Napoleon-Allüren wurden hier an den Tag gelegt, verrückteste Theorien aufgestellt und ausprobiert, deren Sinn und Zweck unklar blieb - auf Kosten der einfachen Soldaten.

Montag, 26. April 1943

Die Elsässer entpuppten sich bei näherem Kennenlernen als überzeugte Patrioten, die konsequent auf ein Ziel hinsteuerten. Der erste Eindruck hatte tatsächlich Bestand. Nicht romantische Schwärmer, sondern umsichtige, mutige Männer sammelten sich um Oberstleutnant Otto und seinen kleinen Kreis.

Zu Mittag wieder einen Brief an Fritzl retour bekommen. Über die Verhältnisse in Russland war nichts in Erfahrung zu bringen, immer schlimmer die Angst um meinen Bruder!

Kurierfahrt über Jessheim und Lilleström zum Stab der 25. Panzerjägerdivision

27. April 1942

(Die 25. Panzerjägerdivision war nachmalig auf schreckliche Art berühmt geworden - im Februar 1944 war sie mit ihrem General von Schell in nur fünf Tagen völlig aufgerieben worden.)
Ich fuhr mit einem großen Wehrmachtswagen ins Zentrum von Oslo, in hochoffiziellem Auftrag irgendeines NS-Offiziers; besuchte anschließend unseren Marquis R. und meldete ihn beim Stab ab, verweisend auf meinen hochwichtigen Auftrag. Dann lud ich den erfreuten Marquis zu einer Spritzfahrt nach Sjömannskolen ein.

Folgende Neuigkeit konnte ich unserem Vertrauensmann melden: Otto hatte organisiert, dass unsere besten Leute unauffällig in wichtige Bereiche der Wehrmacht eingeschleust worden waren:
Lucien R. war derzeit auf einem Gasspür-Lehrgang in Skien (wo er so manch' anderes als Gas "aufzuspüren" hoffte ...).
I.C. war unterwegs zu einem Sonderkommando in Hamar, Joseph R. war jetzt Postordonanz auf der Route Odda - Telemark. José L. arbeitete in Lofotfiske im Truppenbetreuungsstab der Wehrmacht, Walter saß in der Telefonvermittlung in Trandum und Ernst Trache war Organist in der Frelser Kirche in Oslo (wo, wie wir hofften, Gleichgesinnte zu uns stoßen würden ...).

Albert K. war seit drei Wochen als Rekonvaleszenter in Lyngen und hatte als netter gesprächiger Herr seine Ohren überall: beim Bad im Signaldalen sowie auch vor der einmaligen Kulisse des Otertind.

Meine Wenigkeit, konnte ich Marquis erzählen, hatte auch eine der vielen Naturschönheiten Norwegens direkt vor Ort, die die angespannten Nerven ein bisschen beruhigten: Jeden Abend, wenn es meine Zeit erlaubte, genoss ich den Blick auf den herrlichen Oslofjord.
Mit dem Wagen fuhren wir zu einer evangelischen Kirche und besuchten einen Gottesdienst, so ganz anders als meine gewohnten Messen in lateinischer Sprache
Wie ein Gruß aus der Heimat, von meiner Mutter, von meinen Lieben, erklang schließlich, überraschenderweise original auf Deutsch und wunderschön:
„O Haupt voll Blut und Wunden", aus der Matthäus-Passion von Johann Sebastian Bach.
Vor sechs Jahren hatte ich es mit Fritzl im Konzerthaus in Wien das erste Mal gehört.

Nachdem ich am nächsten Tag telefonisch einen Achsbruch gemeldet hatte, wobei wir uns einig waren, dass man diverse Reparaturarbeiten nicht überstürzen sollte, Rückkehr zum Sjömannskolen, Aufstieg bis zu einer Anhöhe, von der aus man weit in die Ferne sehen konnte.
Auf einem Felsblock sitzend, plauderten wir über Gott und die Welt und hatten endlich Gelegenheit, uns näher kennen zu lernen. Wir teilten einen nicht mehr ganz frischen Fisch und einen Kanten Brot. Sogar in dieser idyllischen Umgebung war es uns nicht möglich, die Politik zu vergessen; die Friedensbestrebungen Kaiser Karls - die Rolle der Parma und die vielschichtigen Auswirkungen des 1. Weltkrieges wie auch andere Vorbedingungen, die zu dem großen Un-

glück unserer Tage geführt hatten, waren Themen des Gesprächs. Nach Behebung der Panne nahm ich Abschied von Marquis; Rückfahrt, Rückkehr zu Otto.
So einiges hatte ich in dieser kurzen Zeit mit Marquis an neuen Möglichkeiten in Erfahrung bringen können. Er hatte gute Vorarbeiten geleistet für konkrete Pläne, wo wir schon bald die Hebel ansetzen konnten, um die Kraft der Wehrmacht zu schwächen.

Blick auf den Oslofjord

Aufbauend auf unseren Recherchen, erstattete ich Otto auch meinen Bericht über den Status quo der Panzer Jäger Abteilung 87.

Die Auswertung ergab ein ausgesprochen zuversichtlich stimmendes Bild für uns're Arbeit:
Neben unseren österreichischen Freunden waren fast die gesamte 2. Kompanie, mehr als 80 Prozent, Elsässer; alle zwangsrekrutierte Nazigegner!!

Beim Bataillons-Stab war Hugo K., ein hoch gebildeter Mann und aktiver Verfechter des Esperanto, weswegen er schon 1934 in Deutschland eingesperrt gewesen war. Hugo war uns ein wichtiger Mittelsmann und Berater.

Vorsicht geboten war hingegen vor allem bei einem aus Wien stammenden Unteroffizier, der sich als militärisch wie politisch völlig desinteressiert gab. Ich brachte in Erfahrung, dass er ein höherer SA-Offizier war! Wir mussten damit rechnen, dass er mit der AST zusammenarbeitete!

Auch anderen scheinbar Gleichgesinnten konnten wir nicht trauen: Der Küchenunteroffizier des Stabes, auch ein Wiener, schimpfte zu offen auf die Nazis um glaubhaft zu sein.
Ein Wiener Starkstromtechniker, M., war ein weiterer sehr undurchsichtiger Mensch; Walter hielt ihn zwar für einen absoluten Nazigegner, doch stand er ebenfalls außer Obligo für unsere Vertrauensaufträge.
Für unsere weitere Arbeit ergab sich daher die Aussicht, vor allem auf die Elsässer voll zu vertrauen! Ein für unsere Anliegen sehr positives Ergebnis für den künftigen Einsatz gegen die Nazis! Trotzdem war allerhöchste Vorsicht geboten!

Wir alle wollten, mussten handeln! Unsere Stimmung war angespannt ob unserer Untätigkeit. Walter erhielt einmal auf eine dementsprechende Äußerung zu Hugo folgende spöttische Antwort: „Auf, auf, Genossen, lasst uns eine Räuberbande gründen und den Storting in Oslo stürmen...".
Als ich Otto diese Geschichte anvertraute, lachte er zuerst, wurde dann aber schnell sehr ernst.

„Nehmt euch ja vor eu'rem Temperament in Acht, ihr jungen Leute!", schärfte er mir ein, „nicht die Nerven verlieren! Vor allem: nur reden, wo es nötig und sinnvoll ist. Sein Herz trägt man nicht auf der Zunge!"

Otto meinte weiter:

„Weißt du, mir ist aufgefallen, dass viele Menschen kleinlich darauf bedacht sind, zu horten und festzuhalten, was ihnen lieb und teuer ist und sich deshalb nicht gegen die NS-Diktatur auflehnen. Andere wiederum sind gar nicht in der Lage, das wahre Ausmaß des Nationalsozialismus' richtig einzuschätzen.

Aber sein Leben in Gefahr bringen müssen für falsche Ideale eitler machtgieriger Menschen, an der Front, im Kampf auf Leben und Tod, ist die schreckliche Wahrheit hinter den ganzen NS-Parolen.

Es ist ein Unmenschliches, an der Front, im Kampf, vor die Alternative gestellt zu sein, um das eigene Überleben zu kämpfen, oder aber ethisch menschlich korrekt zu bleiben."

Ottos Worte hatten mich nachdenklich gemacht. Trotzdem, oder vielleicht gerade deshalb, stellte ich ihm eine sehr persönliche Frage, die mich schon seit Jahren beschäftigte:

„Wenn einer seinen ursprünglichen Idealismus als Lebensinhalt bewahrt hat und mit allen Fasern seines Seins um das glückliche Erreichen seiner Ziele zittert, kämpft und hofft - hofft und immer wieder kämpft und wieder hofft, dass sein unermüdlicher Einsatz seinen ersehnten Ausgang nimmt dergestalt, dass seine Heimat wieder ein freies Land wird und nicht mehr hilflos einer Lebensanschauung gegenüberstehen muss, deren Wertvorstellungen ihm völlig fremd sind, wie kann er sich da vor eine wie auch immer geartete Alternative gestellt sehen? Welche andere Entscheidung steht ihm denn offen neben der einen, das Land zu befreien?", gab ich zu bedenken.

Otto sah mich von der Seite an, lächelte müde und ohne auf meine Frage einzugehen, begann er zu erzählen: „Vor einiger Zeit saß ich im Offiziers- und Soldatenheim des Hotels A.; ich hatte Gelegenheit, mich in eine Unterhaltung über Literatur von Repräsentanten der NS -`Kulturträger´ einzubringen. Da ich neben anderen Fremdsprachen auch Norddeutsch beherrsche, ließen sie sich, durch meine bewundernden Worte ermuntert, immer eifriger in tiefsinnige Betrachtungen ein. Meine ihnen hingeworfene Bemerkung über Weinheber war dann der Köder, den sie erwartungsgemäß nicht als solchen erkannten, zu sehr damit beschäftigt, mit ihrem Halbwissen die eigene Eitelkeit zu befriedigen: `Weinheber ist der einzige Ostmärker außer uns'rem Führer, der Großdeutschlands würdig ist´, riefen sie und prosteten mir und sich selbst zu, begeistert ob ihrer intellektuellen Gelehrsamkeit. Sie führten damit ihre eigenen Ansichten ad absurdum.

Durch meine Arbeit als Journalist und literarischer Kritiker des Neuen Wiener Tagblatts hatte ich Gelegenheit gehabt, ein von Schweizer Kunstkritikern redigiertes Blatt zu erwerben, das Weinheber grob als einen Renegaten bezeichnete - vielleicht nicht ganz zu unrecht, da er erklärte: `Meine Heimat ist Wien, mit jedem Haus, jedem Hügel, mit allem Holden und Hässlichen!´ - und dann aber, offenbar um der eigenen Bekanntheit Willen, einen Hymnus auf die `Heimkehr´ vortrug - noch dazu im Burgtheater, vor einer Aufführung von `Wilhelm Tell´, Schillers Freiheitsideal.

Dergleichen kann nicht gerade als `Adel an Gesinnung´ gesehen werden, allerdings hätten die guten Herren Offiziere für derartige Feinheiten nicht die Voraussetzungen an Kenntnissen und Einsichten gehabt...", lachte Otto.

„Lieber Herr Otto", fragte ich nach einer Weile, „Sie haben eine Zeit, eine gute Zeit wie ich hoffe, vor diesem Zusammenbruch der menschlichen Werte erlebt.
Wie war unser Wien, wie war Ihr Leben damals?

Wie ist ein Leben in Frieden und Sicherheit?"
Otto seufzte: „Frieden und Sicherheit liegen in meinem Leben schon weit zurück. Leider bewirkten die äußeren Umstände, dass sich das verratene österreichische Volk, zerrissen durch den politischen Kampf, scheinbar willenlos der NS-Ideologie ergab. Unsere Heimat erscheint mir nun oft wie ein fremdes Land, voll Lüge und Trug.
Als ich in deinem jetzigen Alter war, 1913, war ich ein junger K&K Leutnant; viele Erinnerungen habe ich an eine Zeit voll Schönheit, Kultur und Rechtschaffenheit:

... Galavorstellung von Grillparzers großem patriotischen Werk `Ein Bruderzwist in Habsburg´. Die Festbeleuchtung des Burgtheaters spiegelte sich im nassen Asphalt. Fiaker um Fiaker fuhren vor und brachten erlesenstes Publikum. Schöne Frauen in kostbaren Pelzen, Offiziere in allen Waffenfarben des Kaiserreichs strömten in das hell erleuchtete Foyer.
Alle standen da voller freudiger Erwartung: dann, pünktlich auf die Minute erschien unser alter Kaiser Franz Joseph! -
Die einsetzende Huldigung war mehr als vorgeschriebene Etikette, war ungekünstelter Ausdruck echter Verehrung."

Nachdenklich schaute Otto aus dem Fenster in das eigentümliche Licht der norwegischen Nacht; ein trauriger Ausdruck, den ich noch nie vorher an ihm gesehen hatte, lag auf den Zügen des Tatmenschen, der Afrika, Amerika, Brasilien und Indien als Journalist bereist hatte.

„... an jenem Abend lernte ich eine Komtesse kennen, die zu erringen ich in die Welt ging. Nicht als Abenteurer sondern in besonderer Mission mit Dr. Reiss, einem berühmten Kundschafter des Kaiserreichs. Eher wenig sprach für eine glückliche Durchführung des Auftrags, nachdem wir in Persien gänzlich ausgeraubt worden waren und was der Widrigkeiten mehr waren. Viel zuviel Zeit verging bis wir endlich am Bestimmungsort anlangten. Zurückgekehrt - fand ich meine Komtesse verheiratet vor!

Lange Jahre hatte ich mit meiner Enttäuschung zu ringen. Trost fand ich nur in intensivster Arbeit, die ein Höchstmaß an Einsatz erforderte. Sie wurde mein Freund und mein Lebensziel. Meine Arbeit, auch meine Zusammenarbeit mit Gustl, der ein Neffe von meinem alten Freund Dr. Reiss ist, wird von meinem Leben Zeugnis geben, wenn ich einmal nicht mehr bin, durch sie darf ich sagen, dass ich nicht umsonst gelebt habe..."

Um nicht an alten Wunden zu rühren, lautete meine nächste Frage unverfänglich: „Was war eigentlich der Grund, warum Gustl seine theologische Laufbahn aufgab?"

„Ein menschlich leicht erklärbarer Grund: eine junge Frau, die er anlässlich eines Aufenthalts in Riva im wunderschönen Südtirol kennenlernte. Und diese Frau war obendrein auch noch belastet mit den gleichen Problemen wie die Familie Reiss: sie war tätig im Dienste der Monarchie, obwohl sie durch ihre Abstammung aus dem Hause B. genau genommen selbst königlicher Herkunft ist. Gustl weiß sie in Wien in Sicherheit."

„Laufen nicht alle unsere Fäden in Wien zusammen?", fiel mir nicht zum ersten Mal auf. Immer wieder stand mein Wien im Zusammenhang mit Hoffnungen von lieben Menschen.

„Im Grunde ja", nickte Otto, „so ziemlich alle unsere Zukunftsziele sind nach Wien ausgerichtet!"

Meine nächste Frage, mein Traum war: „Wäre es nicht klug, gleich nach Zusammenbruch der Preußen-Herrschaft eine Monarchie zu errichten, zumindest in Österreich, als vorläufige kontrollierende Staatsform, um zu verhindern, dass Streitigkeiten politischer Parteien erneut das Land in Gefahr bringen?"

Leider schüttelte Otto den Kopf zu meinen Ideen: „Meines Erachtens nach wird es kaum dazu kommen.

Die Alliierten erteilen den Bolschewiken zu viele Konzessionen und dürften die Russen dabei weit unterschätzen.

Ein Ende dieses Krieges wird nicht unbedingt gleich unsere Freiheit mit sich bringen:

Ich fürchte, unser armes Österreich lernt dann auch noch den Bolschewismus kennen..."

Mein Arbeitsplatz in Trandum

Seit Fritzls letztem, deprimierenden Brief vor 10 Tagen hatte ich so ein schlechtes Gefühl und Angst um ihn. Ich konnte mir nicht helfen; es wurde immer schlimmer!
Nur meine retour gekommenen Briefe an ihn waren bei der Post dabei. Doch auch die anderen erhielten aus Russland keine Feldpost. Eigentlich nachvollziehbar, jetzt im Frühjahr - sogar hier waren die meisten Straßen nur schwer passierbar...

Aber endlich wieder ein Lebenszeichen von meiner Mutter. Gott sei Dank kümmerte sich ein Freund der Familie um sie, wie sie schrieb - Captain Payne.
Pfadfinderführer Captain Payne, seit Jamboree 1933 in Gödöllö, Ungarn in Sonderaufträgen des Kaiserhauses unterwegs, war 1936 bei der großen Pfadfinderhochzeit eines meiner Onkel in der Serviten-Kirche der ungarische Delegierte und Vertreter des ungarischen Hochadels Teleki.

Captain Payne konnte Mutter einen größeren Vorrat ihrer Medikamente schicken, die in letzter Zeit kaum mehr zu bekommen waren. Auch machte er ihr das Angebot, sie in die Schweiz zu bringen. Sie wollte jedoch ihre Buben in Österreich erwarten. In ihrem Brief war auch die bange Frage nach einer Nachricht von Fritzl. Sie wollte von mir wissen, ob er mir ebenfalls in letzter Zeit so selten schrieb!

Unserem Leutnant Ferdinand, einer unserer besten Mitarbeiter, fiel es besonders schwer, nicht aufzufallen. Tagsüber musste er seine Rekruten mindestens genauso herumhetzen wie es bei den überzeugten Nazis allgemein üblich war. Oft sprach er mit uns über diesen Zwiespalt bei seiner Arbeit - sinnlos die jungen Leute schinden zu müssen allein um den Schein zu wahren.

Ferdinand war bekannt dafür, dass er durch richtige psychologische Einschätzung jedes seiner Soldaten und durch die jeweils richtige Art der Motivation ein Höchstmaß von dem erreichte, was er erreichen wollte. Daher erwarteten die Nazis von ihm, dass er diese seine Begabung für ihre Trainingsziele einsetzte.

Die Wende brachte die Entscheidung Luciens, bei den Soldaten durchblicken zu lassen, wes' Gesinnung ihr Herr Ausbildner in Wirklichkeit war.

Ab da war das schönste Zusammenarbeiten im Gange:

Unter den wachsamen Blicken der NS-Offiziere führte die Truppe mit den netten Elsässern die widersinnigsten Befehle und Übungseinheiten unseres Ferdls aus und man konnte sie nach übler Schinderei singen und lachen hören.

Der verantwortliche Ordonanz-Offizier, der dies auch als Beweis für die Wirksamkeit seiner politischen Vorträge deutete, meldete mit Stolz seinem Kommandeur, in welch hohem Maße er seine fruchtbare Saat aufgehen sähe. Lob und Anerkennung nahm Leutnant Ferdinand mit bescheidenem Lächeln entgegen.

4. Mai 1943

Drei Elsässern aus Zabern, Unter-Elsass, zwangsrekrutiert in der zweiten Kompanie, gelang vorgestern Abend die Flucht.

Als sie heute Mittag im Stadtzentrum in Oslo von den Nazis erwischt wurden und als Deserteure gehenkt werden sollten, hatten sie Glück im Unglück - Marquis R. hatte im Stab Dienst.

Marquis hatte in Folge mit Walter von der Telefonzentrale in Trandum einige Dinge zu bereden, die die Nazischergen leicht verwirrten. Ein paar Stunden später lagen für die drei jungen Männer "Anerkennungsschreiben für Verdienste in geheimem Auftrage" vor. Unsere Freunde brachten sie außer Landes, bevor der Schwindel auffliegen konnte.

Nach drei Wochen meldeten sie sich über BBC aus London und sprachen zu ihren Freunden eine flammende Aufforderung, die Waffen zu sabotieren, wo es nur möglich wäre. Nach sechs Wochen trafen sie in Frankreich ein und schlossen sich den dortigen Widerstandsgruppen an.

Es gab an der Westküste Norwegens noch ein oder zwei versteckte Plätze, wo die Engländer unbemerkt von den Deutschen landen konnten. Es war von dort aus ein geheimer Kurierdienst nach England möglich sowie vor allem auch die Rettung von Widerstandskämpfern und verfolgten Menschen.

5. Mai 1943

Gegen 23 Uhr, kaum nachdem Otto aus dem Zentrum von Oslo von einer Besprechung beim Stab zurück war, rief mir Walter zu, dass mich ein Herr Captain Payne vom Wehrmachts-Betreuungsstab Oslo am Telefon verlangte.

Ich ging zum Apparat in der Küche, meldete mich und Captain Payne antwortete: „Gut Pfad! Hier spricht ein Freund Ihrer Familie, ich bin derzeit in Oslo stationiert!!" Er hätte heute ein Treffen mit Otto K. gehabt, erzählte Captain

Payne weiter. Dieser hätte Nachrichten für mich von zu Hause. Captain Payne würde sich freuen, mich auch bald persönlich kennen zu lernen.

Otto trat zu mir und gemeinsam gingen wir in den mitternächtlichen leeren Hof.
„Noch vor drei Stunden war ich mit Captain Payne beisammen", erzählte Otto, „er überantwortete mir, persönliche Grüße von den Deinen zu überbringen.

Leider auch die schreckliche Nachricht, dass dein Onkel Hans, der Bruder deiner Mutter, am 22. Februar von dem Blutgericht, dem Senat I, in Moabit in Berlin geköpft worden ist."

* * * *

Nach einer langen Gesprächspause war dann meine Frage: „Wie geht es meiner Mutter, weiß sie schon davon? Hat Captain Payne darüber etwas gesagt?" Otto verneinte, aber versuchte mich zu beruhigen:
„Ich weiß von Captain Payne, dass deine Frau Mutter stark ist! Wenn auch ihr Gesundheitszustand nicht gut ist, so ist doch ihre große Hoffnung und Erwartung, euch Buben gesund zurück zu bekommen!"

7. Mai 1943

Heute erhielt ich durch Otto folgende Nachricht:

Fritzl am 21. März gegen 11 Uhr Vormittag in Russland seinen Wunden erlegen.

Das Andenken an Dich ist bis heute lebendig:

Friedrich, mein Bruder,
am 21. März, am Tage des Frühlingsbeginns, nach einem halben Jahrzehnt Besatzung und Krieg, setzte der Herrgott Deinem Leben ein Ende!

Mein Bruder

Alle, die Dich kannten, können ermessen, was wir an Dir verloren haben.
Viele sahen in Dir etwas ganz Besonderes! Wer schwermütig und trägen Herzens war, wurde von Deiner Art mitgerissen. Denn es war ein eigenes ruhiges Empfinden, das

von Dir ausging, man fühlte sich in Deiner Nähe sicher und beschützt. Eine wunderbare Gelassenheit gabst Du uns, die wir mit weniger Fähigkeiten und Willenskraft ausgestattet sind.

*   *   *   *

Nie vergessen werde ich den Ausflug nach Kalksburg mit Fritzls Pfadfindergruppe. Wir waren gerade, von Laab im Walde aus unterwegs, vor der Ruine Starhemberg, als ein schon seit geraumer Zeit drohendes Gewitter mit unheimlicher Macht losbrach. Ohne einen Tropfen Regen, blitzte und donnerte es gespenstisch um die verfallene Burg herum. Ganz in der Nähe schlug ein Blitz in einen Baum ein. Der Wind brachte grausige Töne und Geräusche hervor. Auf eine Wette mit Hermann, stiefelte ich ganz alleine los, kroch durch das dichte Unterholz, um für uns innerhalb der Burg ein sicheres Plätzchen ausfindig zu machen.
Doch angesichts der in grelles flackerndes Licht getauchten Steinmauern verließ mich der Mut und ich machte schleunigst kehrt.
Auf halbem Weg kam mir mein Bruder Fritzl entgegen und half mir den restlichen Weg zurück zur Gruppe.

Vor den anderen erklärte er, dass ich aus Rücksicht auf die kleineren Buben bereit gewesen wäre, meine Erkundungen einzustellen und wir liefen in Sturm und Wetter den sicheren Weg entlang zu einem Unterschlupf. Mit feinem Takt stand er mir in dieser kritischen Situation bei und ich war damit kein Feigling vor den anderen Buben.
Das war wieder ganz die Art von Fritzl, der unauffällig anderen Menschen aus ihren Nöten und Sorgen half.

Nichts, kein Wort werde ich vergessen, S i s s y !

Keine Aufgabe werd' ich halb vollendet lassen,
F r i t z l !

Immer werde ich das Andenken an Dich bewahren,
Onkel H a n s !

*   *   *   *

Ich erzählte Otto, dass mein Bruder Fritzl schon von der ersten Zeit der Okkupation Österreichs an den Plan gehabt hatte, sich als Fallschirmspringer ausbilden zu lassen, um mit Widerstands-Mitgliedern und Exilösterreichern in Verbindung treten zu können.
Schon damals erkannte Fritzl, dass nur vom Ausland her wirkliche Hilfe gegen die Hitlerdiktatur möglich sein würde. Er war mehr als nur "bereit", unter Einsatz seines Lebens der übrigen Welt Informationen über die Verbrechen Hitlers zukommen zu lassen.
Nun aber war er als Fallschirmspringer in Russland statt in Frankreich stationiert worden; sicher waren seine Absichten durchschaut worden und so wurde er bei passender Gelegenheit umgebracht!

Ein unheimliches Grauen vor der Zukunft befiel mich.
In so kurzer Zeit hatte ich durch die Nazi-Verbrecher zuerst meine geliebte Sissy, dann meinen Onkel und jetzt auch noch meinen Bruder verloren...
Otto versprach, mir einen kurzen Sonderurlaub nach Hause zu Mutter und Schwester zu verschaffen.
Er versicherte mir: „Du kannst immer mit mir rechnen, ich werde immer für dich da sein!"

Zu Hause, 25. Mai 1943

Bis zum 6. Juni konnte ich mich um Mutter kümmern und versuchte, sie ein bisschen zu trösten nach dem schweren Verlust durch den Tod meines Bruders. Meine Tagebuchaufzeichnungen versteckte ich bei der Gletscherausrüstung, die mich schmerzlich an Fritzl erinnerte.

*   *   *   *

Tagebuch-Nachtrag in Trandum, in der Kompanie in Norwegen unter guten Freunden, die an mich glaubten als ich in der Festung Akershus in Kerkerhaft saß:

Am 8. Juni, nach Rückkehr von meinem Sonderurlaub, wurde ich vom Ic - 3. Generalstabsoffizier, Abteilung für Feindbild und Spionage der Frontleitstelle Sassnitz, verhaftet und in die Festung Akershus überstellt.

Ende Juni, oder Anfang Juli 1943

"Lasciate ogni speranza voi ch'entrate!"
"Die ihr hier eintretet, lasset jede Hoffnung fahren!"
Dieses Zitat Dantes stand in dem schmalen Raum, meiner Kasemattenbehausung, über die schnallenlose braune Tür gekritzelt.

Des Nachts endlose Verhöre.
Man legte meinen Sonderurlaub als Versuch zu desertieren aus!

91

Auch hatte ich anlässlich Fritzls Todesnachricht die Bemerkung gemacht: „... nicht seinen Wunden erlegen sondern brutal ermordet!"
Auf solche Aussprüche stand Todesstrafe wegen Wehrkraftzersetzung!

Wieder einmal fürchtete ich, dass ich zum Tode verurteilt würde - wie damals in Pankraz. Schon das 2. Mal diese schreckliche Angst. Damals hatte Gustl mir helfen können. Ob mich diesmal jemand noch aus dieser schlimmen Lage befreien würde, lag in Gottes Hand.

Ungebärdig wie ich war, startete ich einen Fluchtversuch; der brachte mir Fußeisen ein.
Kerkerhaft in Ketten über 60 Tage und neben aller Angst der Schmerz um Fritzls Tod!

Zuerst Sissy, nun Fritzl!

Aus der Haft geschmuggelte Notizen:
Hoffentlich erfährt Mutter nicht wo ich bin, sie macht weiß Gott schon genug durch!

Die Zeit kann einen zur Raserei bringen.
Endlose Tage, ewige Minuten, so lang wie ganze Stunden - furchtbare Nächte des Alleinseins!

*   *   *   *

17. August 1943

Überstellung in die Kaserne nach Trandum!

Frankreich

25. August 1943

Wir verließen Norwegen; die 25. Panzer Division wurde zur weiteren Aufstellung nach Frankreich verlegt.

Hesdin, Frankreich
20. September 1943

Seit Wochen wieder auf freiem Fuß - und
r e h a b i l i t i e r t !!

Meine angebliche Desertion hatte sich als Irrtum herausgestellt. Der zweite Anklagepunkt - meine Bemerkung über Fritzls Todesursache - wurde aufgehoben, vermutlich im Hinblick auf den eklatanten Mangel an ausgebildeten qualifizierten Zeichnern.

Der dem Falkenhorst vorgelegte Akt über den Fall Leopold trug folgende Randbemerkung:

... jugendlicher, nicht ernst zu nehmender Phantast, ein überreizter, lokalpatriotisch sich gebärdender Feuerkopf, der sich durch gewisse tragische Verkettungen berufen fühlt, gewissermaßen zu seinem Privatvergnügen ein neues Habsburg-Österreich zu errichten ... aphorismenartig Wissen andeutend, absolut harmlos ... Feuer und Flamme an seiner Planstelle als Gefechtszeichner, wird jedoch nie über mechanische Leistungen hinauskommen, braucht lediglich zum Gefreiten befördert zu werden. Seiner Wiederverwendung als Zeichner steht seitens des Divisionskommandanten nichts im Wege.

War nun Gefreiter.
Ich konnte als Gefreiter meine Arbeit als Gefechtszeichner fortsetzen, d. h. Aufmarschpläne für die Wehrmacht anfertigen.
Als Zeichner diverser Pläne musste ich immer wieder "Ungenauigkeiten korrigieren", sodass "fehlerhafte" Zeichnungen zuerst in den Papierkorb wanderten und später in einem unbeobachteten Moment unter mein Hemd.

4. Oktober 1943

Im Rahmen meiner Tätigkeit im Büro konnte ich Unterlagen fälschen und 18 Elsässer zu einer Dolmetsch - Kompanie einteilen für die Umgebung von Straßburg, ihre Heimat.
Unter ihnen - leider, für Walter und mich - unsere engsten Freunde! Nur Lucien und der Fahrer des Kommandeurs verblieben mit uns. Marquis vereinbarte für Silvester 1949/50, sofern wir nicht unterm Beil der Henker endeten, ein Rendezvous in Paris auf der Plattform des Eiffelturms:
31. Dezember 1949, Mittag 12 Uhr
 - Adieu, mes amis -

Regnauville, Frankreich
11. Oktober 1943

Fünf Tage "Bau" wegen "Missbrauchs der Schreiberbefugnisse" (meine Aktion vom 4. Oktober war aufgeflogen) sowie auch wegen einer unangebrachten Bemerkung zu einem Vorgesetzten über dessen politisches Vorleben:

Der Unteroffizier der Kradstaffel war, was ich seinem Wehr-
pass entnommen hatte, wegen seinen kommunistischen
Äußerungen vorbestraft. Leider waren seine Ansichten eher
auf sein eigenes Wohl ausgerichtet statt auf kommunisti-
sches Gemeinwohl. Eine unbedachte Bemerkung diesbezüglich hatte Beschwerde gegen mich statt Einsichten des
Möchtegern-Kommunisten zufolge.

Wenn unser Kommandeur weniger selbstherrlich gewesen
wäre und mich nicht als seinen besten Mann angesehen
hätte, hätte dieser U'lein noch mehr Schaden anrichten
können. Hätte mich Oberstleutnant Otto K. nicht schon seit
Wochen in Verbindung mit Captain Payne über einen
Generalstäbler als kommandiert zum Div. Stab in den Akten
geführt und Walter sämtliche Dienstpost betreffend meiner
Angelegenheiten in meine Hände gespielt, so hätte das
immer wache Misstrauen des Unteroffiziers unsere Sache
schnell in Gefahr bringen können.
Otto, der in geheimem Auftrag in Norwegen blieb, ging uns
allen ab, auch den verbliebenen, tatendurstigen Elsässern,
die ein Benzinlager in die Luft sprengen wollten. Ich setzte
mich in Verbindung mit Lucien und Marquis R. und wir
machten eine noch ausständige Antwort von Müller ab-
hängig von unserer weiteren Vorgehensweise - ob sprengen
ja oder nein. Müller, der hier in Frankreich mein erster
Kontaktmann mit der ortsansässigen Widerstandsgruppe
der Résistance war und Mitarbeiter in einem OSS-Büro,
war zu jeder Tages- und Nachtzeit über die Lehrersfamilie
C. aus Regnauville für uns erreichbar. Es stellte sich dann
heraus, dass das vermeintliche Benzinlager nur ein
Spritzlager der Feuerwehr war.
Müller und Madam C., einer mutigen Frau der Résistance,
überbrachte ich aus unseren Marketenderbeständen Es-
sensvorräte, Zigaretten, Konserven, Seife, Kleidung sowie

auch Waren, die Madame C. für "Liebesgaben" benötigte, um an nützliche Informationen zu kommen.

Oktober 1943

Laut Befehl des Führers wurden ab 3. September 1943 zur Verstärkung der Verteidigung der Küste die Panzerverbände Panzerregiment 26 und 21 zusammengeführt und mit der 25.Panzer Division der Panzerabteilung 506 angeschlossen. Dies alles unter der Annahme, dass die Alliierten den Brückenkopf am Kanal (Calais) für eine Landung am Kontinent zum Ziel hätten.
Ich stand vor der Möglichkeit, an einem schwerwiegenden Schlag gegen die deutsche Militärmacht mitzuwirken:
Als Gefechtszeichner konnte ich die Aufmarschpläne kopieren, um sie den Alliierten zuzuspielen!

Die Arbeit der Résistance war überall spürbar: der Eisenbahnverkehr wurde jetzt immer wieder sabotiert durch Streckensprengungen von Résistance-Mitgliedern, wodurch die Möglichkeit des Eisenbahn-Aufmarsches, soll heißen, Militärtransporte mit der Bahn, unsicher wurde. Im Falle einer Feindlandung brauchten die Nazis daher große motorische Reserven.

Im Westen blieb das Wichtigste die Kanalfront. Im Falle einer Invasion der Alliierten würden alle verfügbaren Divisionen restlos aus ihren jetzigen Abschnitten herausgelöst und zum Gegenangriff eingesetzt werden.
Als Grundsatz galt: Verteidigung der Küste bis zum Letzten; sofortiger Gegenstoß der örtlichen Divisionen sowie möglichst schneller Gegenangriff der großen Reserven in die Flanke des durchgebrochenen Feindes;

Neu aufzustellende 349. Division hinter der Kanalküsten-
front nach erlassenem Befehl von Oberbefehlshaber West
bezüglich Zusammenziehung der Kampftruppen.
Es galt die fixe Annahme der Nazis, dass die Alliierten
Truppen im Kanalgebiet landen würden.

Ich konnte rechtzeitig die Pläne für die Truppen der Stoß-
linien Abbeville, Calais und Lille sämtlicher Einheiten, außer
der SS-Sondereinheiten, in zweifacher Ausfertigung bereit-
stellen:
Ich hatte die Aufmarschpläne absichtlich jeweils zweimal
gezeichnet - "fehlerhafte" Zeichnungen wanderten in den
Papierkorb, dann begann ich auf einem frischen Blatt eine
neue Zeichnung. Die "fehlerhaften" Pläne waren für die
Résistance bestimmt.
Treffen mit Müller. Seit Wochen hatte ich auf diesen Augenblick hingearbeitet!
Ich übergab Müller in Auxi le Chateau die von mir mit aller
Sorgfalt gezeichneten Kopien der Nazi-Aufmarschpläne.
Acht Druckseiten mit genauer Beschreibung der stationier-
ten Truppen legte ich bei:
1. Truppenstärken, genaue Auflistung der Panzer,
   Kanonen, PAK, sowie das Waffenpotential der einzelnen
   Verbände,
2. wie sie vorzugehen beabsichtigten,
3. die genaue Lage diverser Bauten, Bunker,
   Felshohlbauten und
4. Flak-Aufstellungen in Calais.
5. **Dringende Warnung der Widerstandsbewegung
   an die Alliierten**,
   keinesfalls an der Kanalküste zu landen!
   Ein Blutvergießen von tausenden Soldaten musste auf
   jeden Fall verhindert werden!

Müller hatte verlässliche Verbindungsleute bei der Résistance und der OSS, die die Unterlagen rasch nach England schaffen konnten.

*   *   *   *

Mochte mich auch das Schicksal ereilen, ich hielt mein Gelöbnis unseren Toten gegenüber!!
Ich war so mutlos und verzagt, dass ich nicht aus noch ein wusste. Diese furchtbare Angst vor den nächsten Stunden, bis die Pläne über der Grenze waren! Immer wieder glaubte ich den Tritt von einem geheimen Feldgendarmen zu hören! Stets wartete ich, auf ein Kommandowort hin, wieder festgenommen zu werden! Vorigen Geburtstag rechnete ich in Pankraz mit Anklage wegen Spionage und in drei Tagen war wieder mein Geburtstag...

Wieso hatte ich schon so lange keine Post mehr von den Meinen? Seit meiner Verhaftung und Kerker in Akershus keinerlei Nachricht mehr!
Ich wusste nicht, ob meine Mutter und meine Schwester wegen meiner Verhaftung in Gefahr waren gemäß der Sippenhaftung der Nazis. Dazu die Angst, dass meine jetzige Aktion entdeckt würde und ich auch dadurch meine Lieben in Schwierigkeiten bringen könnte. Es war in mir eine Zerrissenheit, die ich nicht in Worte zu fassen vermochte.

19. Oktober 1943

... immer noch keine Post von Zuhause, keine Nachricht von Müller!

***20. Oktober 1943**

Wieder nichts beim Postempfang!!

***21. Oktober 1943**

Endlich Nachricht!
Marquis R. schrieb mir die vereinbarten Codeworte von
Müller für die sichere Ankunft der Unterlagen:
>„Mein Freund überbrachte
>meine reparierte Uhr Tissot 1326731 Ö
>aus Abbeville. Ein paar Mal wollte er
>sie schon schicken, aber immer wieder
>kam etwas dazwischen. Die
>Reparatur macht dieselbe wieder
>vollwertig... ".

Mehr kam nicht, gemäß der Vereinbarung mit Marquis.
Gott sei Dank!!

Es bedeutete: Meine Pläne waren an ihrem Bestimmungsort
angekommen, ohne dass Menschen dadurch zu Schaden
gekommen waren.
Ich konnte wieder frei durchatmen!!

Am nächsten Tag um 4 Uhr Früh fuhr ich mit einem Kriegs-
Ingenieur nach Paris. Dass ich zu meinem Geburtstag der
Mutter Gottes in der Kirche Notre Dame für ihren Beistand
danken könnte, hatte ich in den letzten vier Tagen höchster
Anspannung nicht mehr zu hoffen gewagt!
Es war ein großer Freudentag für mich!

Bei der Retourfahrt nahm ich vom Feldpostamt die Post mit
und hatte sieben Briefe für mich dabei!!

Zu meiner großen Beruhigung ein Brief von meiner Familie. Gott sei Dank ging es meiner Familie gut, offensichtlich gab es keine Schikanen gegen sie nach meiner Verhaftung. Meine Mutter sandte mir Klopstocks "Die Auferstehung" als Geburtstagsgeschenk:

„Auferstehen, ja, auferstehen wirst du..."

Besonders nahe ging mir die letzte Strophe:
    „Mit Jesu gehen wir ein
    Zu seinen Freuden.
    Der müden Pilger Leiden
    Sind dann nicht mehr.
    Ach, ins Allerheiligste führt mich
    Mein Mittler, dann lebt' ich
    Im Heiligtume
    Zu seines Namens Ruhme.
    Halleluja!"

Auch vom ehemaligen Bundesfeldmeister der Pfadfinder war ein Geburtstagsgruß dabei:
„Wir haben hier die unser'n von Gott gestellten Aufgaben zu erfüllen. Ist dies geschehen und erachtet es der Herr als gut für uns, dann beruft Er uns zu sich in die Heimat." Ein ganz lieber Trost für Fritzls Tod!

Gustl zitierte in seinem Brief „.... meinem Josef zum Geburtstage" ein beliebtes Gedicht über Kaiser Joseph II, den unvergessenen "Volkskaiser" und großen Reformer.
Diese Zeilen waren für mich wie eine Parallele zu unserer selbst gewählten Lebensaufgabe:

    „Gescheitert freilich nur vor seiner Zeit,
    Die ihn den Ketzer auf dem Throne nannte

Und all' sein Wollen, wie sein Tun verkannte.
Gescheitert nicht vorm Spruch der Ewigkeit!
Denn sieh! Das Gute, dem er sich geweiht,
Das tief und groß in seiner Seele brannte
Und alle Furcht und Zagheit daraus verbannte,
Es bleibt gewiss vom Untergang gefeit.

Es bleibt besteh'n, solang noch Mut und Geist
Sich gegen Knechtschaft und Gewalt empören,
Und an den Ketten Freiheitssehnsucht reißt."

25. Oktober 1943

In Auxi le Chateau trafen sich in unregelmäßigen Zeitab-
ständen österreichische Emigranten.
Heute waren noch einige Strassburger Deserteure zugegen
und vier junge Wiener Studenten, die mit uns nach Russland abgehen würden.

Müller hielt einen detaillierten Vortrag über die erwartete
Landung der Alliierten und sprach von unserer Zukunft in
einem befreiten Europa.

Nach seinem Vortrag steckte mir Müller einen Brief von Marquis R. zu:
„... immer und immer wieder riskierst Du Kopf und Kragen,
um für uns die BBC-Nachrichten zu vervielfältigen. Denn
glaubst Du, dass Dich unser Kommodore aus Antipathie,
weil Du für ihn noch dazu ein Ostmärker bist, in letzter Zeit
so schikaniert? Der misstraut Dir schon lange!"

In unserer Runde war auch ein jüdischer Wiener Rechts-
anwalt; er sagte kaum ein Wort und saß die meiste Zeit nur

stumm vor seinem Glas. Keiner von uns getraute sich, ihn etwas zu fragen, Dachau, Auschwitz waren gegenwärtig und unsere Ohnmacht gegenüber all diesen Verbrechen war uns noch nie so vernichtend deutlich gewesen.

16. November 1943

Ein Tag Station in Paris auf dem Weg nach Russland.

Die untergehende Sonne tauchte mit ihren letzten Strahlen den Triumphbogen in leuchtendes Rotgold.
Die kleinen Straßencafés füllten sich mit Franzosen und gleichermaßen mit den verhassten Nazis in ihren braunen Uniformen.

Über die Champs-Elysées spazierten lachende Frauen, mutige, wunderbare Frauen, blau-weiß-rot angezogen in den Farben Frankreichs und der Freiheit.

Ich musste an die Abmachung mit meinen Freunden denken, unser geplantes Rendezvous zu Silvester:
... „Salut! Vergesst nicht 1949/50! Gebe Gott, dass wir uns alle gesund an Körper und Geist wiedersehen werden."

Russland - Ukraine - Polen

Ende 1943 bis Frühjahr 1944

30. Mai 1944

Bei Partisanen in den Karpaten, 37 Kilometer südwestlich von Stryj.

Katja, eine junge Frau, die sehr gut deutsch sprach, erzählte mir von ihrem abenteuerlichen Entkommen aus Kiew.
Als aufstrebende Chemikerin wollte man sie unbedingt für das riesige Benzindepot in Bjelaja Zerkow dienstverpflichten. Ihr war klar, dass sie dort als angesehene Fachkraft den Machenschaften diverser Spitzel der deutschen Rüstungsindustrie ganz besonders stark ausgesetzt gewesen wäre. Pro forma entschloss sie sich, dem Befehl Folge zu leisten. Mit viel Mut und großen Ängsten stieg sie in einen falschen Zug, "verfehlte" den Bestimmungsort und landete bei ihren Verwandten in Stryj.

Noch am selben Abend zeigte ihr Onkel, der Pfarrer von Stryj, seiner Nichte den Weg in die Schlupfwinkel der Berge. Gerade noch zur rechten Zeit, denn der Russe, der am Heiligen Abend seine Offensive vorantrieb, behandelte deutschstämmige Ukrainer nicht nach ihren persönlichen Umständen, sondern nach dem Schema: „Warum sabotiertest du die Nazis nicht, wenn du doch angeblich gegen sie bist" - „Warum bist du noch nicht von den Deutschen erschossen worden" - fügt man innerlich ergänzend hinzu!!

Zu ruhigeren Zeiten unten in Stryj, brachte ihr Onkel sie bei Gefahr sofort in die Berge in Sicherheit, untergebracht in verlassenen Bauernkaten unter dem Schutz von Partisanen, tiefreligiösen Menschen aus Stryj und Umgebung.

Ich erzählte Katja von den vielfältigen Hintergründen meiner Hassgefühle gegen die Nazis.

Es war schon spät in der Nacht, als wir uns schlafen legten ohne eine Antwort gefunden zu haben auf die eine Frage, die die Herzen von Millionen bewegte - warum in einem europäischen Volk, das einen Goethe hervorgebracht hatte, binnen kürzester Zeit Recht und Ethik verloren gehen konnten.

Am nächsten Tag erwachte ich nach langer Zeit wieder ohne Angst!

Ukrainische Partisanen teilten ihr Essen mit mir, gesunde grüne Wälder unter strahlend blauem Himmel und Katjas Ermunterungen halfen mir, endlich meine Tagebuchaufzeichnungen nachzuholen. Katja erbot sich, eine Abschrift dieser Niederschrift bei sich aufzubewahren.

Meine letzten Eintragungen handelten von Frankreich, von schönen Frauen in Paris während und trotz der Herrschaft der Deutschen.
Das alles schien mir jetzt unendlich lange zurück zu liegen!

Rückblick: Russland Dezember 1943

Nach Frankreich, war ich auch hier in Russland weiterhin als Gefechtszeichner tätig.

Bei Bedarf wurde ich als Chauffeur eingesetzt, um alkohol-
frohe Offiziere sicher zu befördern.

Daneben hatte ich auch die Funktion eines Kradmelders. Ich
musste mit dem Motorkraftrad schnellstens Nachrichten
überbringen. Alle diese Aufgaben boten gute Möglichkeiten,
einiges mitzuhören, was nicht unbedingt für mich bestimmt
gewesen wäre und dann einiges anders zu machen, als die
Herren Preußen es sich so vorstellten!

Einmal "verlor" ich auf einer Kurierfahrt zur Division - durchaus glaubhaft angesichts von Dunkelheit und Feindeinwir-
kung - den Kübelwagen des Kommandeurs durch Achsbruch. Es war sein letztes Fahrzeug von vormals fünf, mit
der gesamten Post für die hiesige NS-Führungsriege. So
geschehen mitten im Partisanengebiet...

Gott sei Dank erinnerte man sich nicht an meine Aufmarschpläne vom Sperr Pak Riegel (Absperrung des Gebie-
tes mit Panzerabwehrkanonen), die auf ähnliche Art zwischen Skwira und Fastow "verloren" gingen, was mir damals einen sogenannten Anpfiff eintrug.

25. Panzer Division, Berditschew, Shitomir
Mitte Jänner 1944

Bei Berditschew/Shitomir begann der Anfang vom Ende der
25. Panzer Division, die dem 9. Panzer Regiment unterstellt
war.

*Im Februar 1944 wurde die 25. Panzer Division dann voll-
ständig vernichtet.*

Schon während der Fahrt zum Bestimmungsort wurde der Transportzug erstmals beschossen - von Partisanen.
Vier Schützen-Panzerwagen und zwei Sturmgeschütze gingen verloren, sehr zur Genugtuung von unserem kleinen Kreis, der sich brennend wünschte, dass doch sämtliches Kriegsgerät verlustig ginge, um dem Wahnsinn ein Ende zu bereiten!

Auf schnellstem Wege eilten die Panzer-Jäger den bereits vor Ort liegenden Divisions-Trossen nach. Am nächsten Tag waren wir an der Front.

Sieben Stunden dauerte daraufhin eine Unternehmung, die sich „Blitzkrieg!" „Denkt an unsere Siege in Afrika!" „Hurra! Vorwärts, Kameraden!" „Haut den Russen-Schweinen eins auf die Schnauze!" nannte und das Töten von Menschen zum Inhalt hatte.

Dann schlug die Stimmung um - erste Verwundete, dann die Hiobsbotschaft: „Panzer-Spitze östlich Fastow erledigt, Grenadier Regiment 146 und 147 erledigt, zu 70% aufgerieben; Iwan mit einer Kolonne T34-Panzern im Anmarsch!"
Nunmehr selbst beschossen und verwundet zu werden fanden diese Herren nicht so gut.

Vormals zackige Soldaten riefen jetzt wild durcheinander: „Alles verloren" „Rette sich wer kann" „Volle Pulle abhauen, aber dalli, wer noch einmal Deutschland sehen will!"

Weniger Worte machten die Verantwortlichen selbst. Als einer der ersten wurde der General „wegen einer dringenden Augenoperation - Nachkontrolle" mit einem Fieseler Storch nach Berlin ausgeflogen.

Einen heldenhaften Offizier, besonders herausragend im Schikanieren Untergebener, konnte man beobachten, wie er von einer 1-t Saurer Zugmaschine in seinen bereitstehenden Kübelwagen umstieg. In einem rekordverdächtigen Tempo brauste er in Richtung Westen „zum Divisionär", zum "Befehlsempfang" ab.

Als einer der letzten Befehlshaber verkündete ein versprengter "Held", unser Herr Ordonanzoffizier, vormaliger fanatischer Hitlerjugend-Führer, „bis zum letzten Mann weiter zu kämpfen" und stürmte von dannen...

Die Nacht mit den in der Dunkelheit unwirklichen Geräuschen der Front war eingebrochen. Schnee und Eis verzerrten jeden Laut und trugen ihn kilometerweit über die unendlich erscheinende russische Tiefebene, das Kettengerassel der herankommenden feindlichen T34-Panzerkolonne erschien gespenstisch nah...
Starr vor Kälte und Müdigkeit stand nach dem kläglichen Rückzug schließlich ein armseliger Haufen in einem Holzverschlag, an so ziemlich allem mehr interessiert als am Kämpfen, was unseren Heerführer zu einer Lagebesprechung mit dem Unteroffizier und dem Obergefreiten veranlasste.
„Mal alle herhören", donnerte er dann und hatte, außerhalb der Gefahrenzone, erstaunlich schnell seinen forschen Ton wiedergefunden, „ich befehle den Anschluss an die westlich gelegenen Divisions-Trosse, um *weiterhin* effektiv anzugreifen!
Reihenfolge der Fahrzeuge:
Funk - Staffel, Kfz 2 und Kfz 17 - Sanitätskraftwagen; Geschäftszimmerwagen" (von meiner Wenigkeit gelenkter Wagen, bis obenhin vollgestopft mit allem, was den Herren

Offizieren lieb und teuer war) „Küchen-, Waffenmeister- und Verpflegungswagen bilden den Schluss.
Ausschließliches Fahren ohne Licht, da jedes Aufblenden dem Iwan vorzeitig unser Manöver verraten könnte!"

Die Wahrheit hinter diesem sogenannten Manöver bedeutete Flucht unter Lebensgefahr:
Es bestand seit geraumer Zeit keinerlei Funkverbindung mehr, die Division war zu dreiviertel von russischen Panzern eingeschlossen, die Kolonne der T34-Panzer rückte immer näher und es standen keine panzerbrechenden Waffen mehr zur Verfügung!

Stunden später, nach vielen Toten und vielen in der eisigen russischen Nacht hilflos Sterbenden dann eine Lagebesprechung in der hintersten Etappe:
„Wenn nicht so ein gottverdammter Schweinehund aufgeblendet hätte, wäre nicht unser Tross von den T34-Panzern zur Sau gemacht worden", meldete der oberkommandierende Offizier dem Kommandeur, in eine offensichtlich ihm eigene Ausdrucksweise verfallend.

Fleißig wurden nun Wiederaufträge und Vermerke vermerkt, zu Bestätigendes wurde gegenseitig bestätigt, Verluste wurden als Absicht im Hinblick auf eine Neuaufstellung der 25. Panzer Division in Dänemark dargestellt, bis den allgemeinen Eitelkeiten Genüge getan war.
Angesichts der Aussicht auf eine Überstellung nach Dänemark, fernab von der russischen Front, begann ein nicht gerade Herrenrassen-gemäßes Gerangel um eine Vormerkung für Dänemark.

Als man schlussendlich auch meiner Wenigkeit ansichtig wurde, waren die ersten Worte des Kommandanten: „Natürlich! Der Leopold! Wo denn sonst sollten Sie zu finden sein, als im Hinterland."

„Von Ihnen kann man offensichtlich nichts erwarten außer, dass Sie Fahrzeuge mit unersetzlichen Wertsachen stehen lassen", troff es gleich darauf verächtlich von den Lippen des Offiziers.

Ich hatte während der wilden Flucht beschlossen, den Geschäftszimmerwagen als verloren anzusehen:
Die Kisten mit Beutegut und Proviant ließ ich zurück um hungrigen Zivilisten zu einem guten Essen zu verhelfen. Eine Kiste mit Kriegsdokumenten, mit Originalaufzeichnungen über die Verbrechen der Nazis überließ ich dem Feind.

Interessanterweise war der Herr Offizier so außer sich vor Zorn über seine verlustigen Pakete, dass er den verlorenen Geheimunterlagen nicht weiter Beachtung schenkte. - Dieser "korrekte Front-Offizier" hatte ständig vier Soldaten als Putzer zu seiner Privatverfügung und schickte selbige regelmäßig auf Sonderurlaub, um seine (kaum bei Tageslicht erworbenen) Wertgegenstände sowie aus Marketenderbeständen Abgezweigtes wie Schnaps und Zigaretten heimzuschaffen.

*　*　*　*

„... Schluss für heute", unterbrach Katja meine Schreibaktion.
Sie beugte sich zu mir herunter und nahm mir entschlossen den Stift aus der Hand.
Nach einem warmen Essen stellte sie mich den neu hinzugekommenen Partisanen vor.

Es sollte eine Woche vergehen, bis ich endlich weiterschrieb:

109

Nach Berditschew und Rowno gelangte "Herr Held", Herr HJ-Ordonanzoffizier, zu neuem Ansehen: Für sein als "tapferes Verhalten" bezeichnetes Vorgehen wurde er zum Major befördert, sein "Pfeifendeckel" bekam das Ehrenkreuz Erster Klasse.

Russischer Winter

Seine hochmilitärische Auszeichnung verdankte "Major HJ" seinem hinterhältigen Spitzeldienst. Er hatte sich, in jener Nacht verwundet, glaubhaft als Elsässer ausgegeben und sich von gutgläubigen Partisanen pflegen lassen, um sie als Dank dafür auszuhorchen.
Trotz aller Vorsicht der Widerstandsfreunde bekam dieser Herr doch unter anderem auch Bestätigungen für den nach wie vor gegen mich bestehenden Verdacht.
Nach der Hinrichtung von Sissy und ihren Freunden hatte es unter den Tschechen zu viel böses Blut gegeben, sodass man sich genötigt sah, alle die mit ihnen in irgendeiner Beziehung gestanden hatten, auszuschalten, bzw., Anweisun-

gen zur Beobachtung derselben an die AST weiterzuleiten. Auch über meinen Onkel Hans wusste man Bescheid. Als Ergänzung die Beurteilung des "jungen Monarchisten" und dessen „politisch unmöglicher Haltung" durch den Unteroffizier Mauler, den feschen Wiener SA-Führer. Ebenso kam eine von mir "übersehene" Meldung damals in Frankstadt in Erinnerung.
Die Nazis vergaßen nichts...

Das von Herrn HJ-Major forcierte, präzise arbeitende Kriegsgericht hatte überraschend schnell alle meine Unterlagen beisammen.

Ein erstes Urteil von 2 Jahren Strafbataillon wurde bald auf 10 Jahre sowie auf "Ehrverlust" erweitert. Dabei hatte ich es meinem „jugendlichen, nicht weiter ernst zu nehmenden Lokalpatriotismus" zu verdanken, dass ich nicht routinemäßig einem Standgericht übergeben wurde.

Strafbataillon 500, Ende Jänner 1944

Bei meiner Ankunft im Strafbataillon hatte ich eine Art Voraus-Revers zu unterschreiben:

„Der Unterfertigende nimmt zur Kenntnis, dass er nach einem Überlaufen zum Feind für den Rest seines Lebens nie wieder bürgerliche Ehrenrechte erwerben kann und ein für alle Mal jegliche Rehabilitation verwirkt. Ferner würde ein derartiger Verrat den Entzug der Lebensmittelkarten der Familienangehörigen oder sogar deren Unterbringung in Anhaltelagern nach sich ziehen, wo sie zu nutzbringender Arbeit herangezogen würden!"

Nun lernte ich den Schrecken einer ausgestoßenen und verfemten Kampftruppe kennen, lernte Männer kennen, deren Leben gleich meinem nichts mehr wert war: Strafbataillon 500!

Hinzu kam bei mir noch der Kampf zwischen zwei Fronten: Aus eigener Initiative versuchte ich oft den Gang einer Unternehmung nach meinen eigenen Vorstellungen zu beeinflussen. Jedes Mal dann die Ernüchterung, dass das unablässige Schießen und Beschossenwerden kaum Spielraum ließ für meine Widerstandspläne.

Das Warten auf den Angriff, auf die Nacht, in der dann die Minuten zu Stunden wurden und jede Stunde zu einer Ewigkeit; dann das Morgengrauen, wenn eiskalter, sich bis ins Gehirn fressender Nebel jeden Gedanken auslöschte, das knirschende Geräusch, wenn Stacheldraht von den Gleitketten der gefürchteten T34-Panzer zermalmt wurde...

Apathisch warteten wir auf den Angriff.

Apathisch warteten wir auf das Ende des Angriffs.

So mancher von uns wurde dabei beobachtet, wie er absichtlich ins Leere schoss.

So mancher wurde von Freunden verraten und durch einen Genickschuss der SS aus dem Weg geräumt.

Einmal musste ich mit Edi, einem Klagenfurter Freund, zu Fuß einem russischen Panzer entkommen, der hinter uns heranfuhr. Mit jedem Meter, den er näher kam, schlug mein Herz wilder, dann blieb mir die Luft weg. Ohne mir dessen bewusst zu sein, setzte ich die Gasmaske auf, unklar, wozu ich denn dies tat. Unfähig zu denken, warf ich mich schließlich in einen Graben. Ich verlor Edi im allgemeinen Durcheinander, starrte auf die vorbeiziehende Todesmaschine, jede Sekunde darauf gefasst, dass die Feinde mich doch noch erwischten. Dieses Grauen wich seitdem nie mehr ganz von mir, verursachte mir Angst vor dem Schlafen, obwohl wir Schlaf so lebensnotwendig brauchten!

Seit Wochen schon bekam ich keine Post mehr.

Von mir erhielten meine Lieben, und dies war mein Trost, von Lucien abgeschickte Post "aus Oslo und Paris", die ich vor meinem Weggang aus Frankreich vorausgeschrieben hatte. In Form einer Reihe von Briefen mit erfundenen kurzen Anekdoten, absichtlich Zusammenhänge überspringend, hatte ich vorgesorgt für den Ernstfall, wie viele meiner Freunde auch.

Nicht nur Krankheiten und Hunger quälten uns, vor allem die Ängste um die Lieben daheim drückten einem mitunter schier das Herz ab. Da war härtester ununterbrochener Einsatz weniger schlimm als die Stunden des Wartens; Stunden, Tage in denen man zu viel Zeit hatte nachzudenken über die Aussichtslosigkeit der Lage.

Unsere Krankheiten, Hunger und Tod waren ohne Bedeutung für die "Verantwortlichen". Waren zu viele tot, wurden sie ersetzt. SS-Schergen, die Kopfjäger in deutschen Uniformen, deren unmenschliche Schikanen uns fast bis zum Wahnsinn treiben konnten, liquidierten nach Lust und Laune. Den meisten Offizieren jedoch waren wir schlichtweg egal. Diese Offiziere haderten mit ihrem Schicksal, hier in die hinterste Einöde versetzt zu sein. Wir waren ihnen gleichgültig. Niemand interessierte sich dafür, dass jeder Tag uns ein Stück weiter dem zivilisierten Leben entfremdete. Allmählich, und das war die schlimmste Gefahr dabei, lebensbedrohlicher als alles andere, gewöhnte man sich daran und wurde lethargisch und sich selbst gegenüber ähnlich gleichgültig.

Unsere Gesichter wurden grau von diesem unerbittlichen Verenden. Leer und inhaltslos lehnten wir an zerschossenen Gemäuern, starrten mit brennenden Augen in das fahle Mondlicht. In das Licht des gleichen Mondes, der über den

Kahlenberg, über Schönbrunn sein freundliches Licht ergießt, einziger Zeuge heimlicher Rendezvous' in Sievering, in Nußdorf...
Nicht zauberhaft, klar und freundlich war sein Licht hier über uns, sondern bleigrau, bleischwer hing er am unendlich erscheinenden russischen Nachthimmel, ließ uns die Schönheit der Nordlichter damals in Norwegen vergessen.
Ein ganz ursprünglicher, unverfälschter Glaube erfasste so manchen von uns. Als wir keinen Menschen hatten, der uns einen Weg zeigte, der uns weiterhalf, war der einzige Halt für uns verzweifelte junge Christen unser Gottvertrauen, unser fester Glaube, dessen Wahrheit wir schon als Kinder intuitiv gespürt hatten. Wir fühlten uns in Gott geborgen, ein inneres Licht, das nie an Kraft verliert.

*   *   *   *

Ein Ereignis, welches mir so recht die weise Führung Gottes zeigte und mich aus meiner Lethargie riss, war dann mein unverhofftes Wiedersehen mit Egon v. E., meinem Frankstädter Freund!
Vielerlei Neuigkeiten brachte er mit:

Nach dem eher zufälligen Zusammentreffen mit Sissys Freundin Helly damals mit mir im Sommer 1942 in Frankstadt war der Kontakt zwischen den beiden nie mehr ganz abgerissen. Wie nahe sie sich letztendlich standen, verriet mir Egon nicht, ich wagte nicht zu fragen.
Fast alle Beteiligten an der Gegenaktion zum Absperrunternehmen der Wehrmacht, damals in dieser für mich so schicksalhaften Nacht, in der ich meine Sissy kennengelernt hatte, waren verraten worden und auch auf bloßen Verdacht hin, mittels des berüchtigten Annahmegesetzes, verurteilt worden.

Helly war sieben Monate in Brünn inhaftiert gewesen. Jedoch erzählte sie niemandem Einzelheiten über diese Zeit und über die Haftbedingungen, auch nicht Egon. Die Gefahr, absichtlich oder ungewollt verraten zu werden, war zu groß, zu viel hatte sie erlebt, zuviel wusste sie. Sie hatte in Erfahrung gebracht, dass sie nach wie vor dauernd unter Beobachtung stand.

Ihre Freiheit verdankte sie einem NS-Kommandanten, dem „einzigen Ehrenmann unter all' diesem Gesindel", wie sie sich ausdrückte. Der Spionage verdächtig, wurde ihr vorgeworfen, Gespräche bezüglich der geplanten Absperraktion mitgehört und weitergegeben zu haben. Jener Kommandant sagte allerdings aus, dass Helly in der fraglichen Zeit gar nicht im Casino serviert hätte, sondern eine Kollegin von ihr. Dass sie dann auch die im Casino an diesem Tage geführten Gespräche nicht hatte hören können, sah man ein. Helly wurde nach langen Monaten endlich enthaftet. Sie musste jedoch einen Revers unterschreiben, dass sie über alles Gehörte und Gesehene vollständig schweigen würde, ansonsten machte sie sich des Verdachts auf bewusste Spionage schuldig, was nichts anderes bedeutete als, dass sie die Räume der Gestapo kein zweites Mal mehr lebend verlassen würde. Seitdem lebte sie in ständiger Angst. Egon hatte sie nur ungern zurückgelassen nach seinem letzten Urlaub, bevor er dann im Strafbataillon landete.

Flucht aus dem Strafbataillon 500, 12. März 1944

Trotz der strengen Bewachung und den gut durchorganisierten Spitzeldiensten innerhalb des Strafbataillons 500 gelang es Egon, Pierre - einem Lothringer Akademiker - und mir, zu fliehen.

Unweit Berditschew bemächtigten wir uns des Autos eines der Feldgendarmen, die uns ins Dunkel der Nacht hinein wütend nachfeuerten - und Pierre tödlich trafen!
In halsbrecherischem Tempo fuhr ich der Rollbahn nach.
Wie erstarrt, wortlos, fuhren wir immer weiter, bis wir südlich von Kamionka abseits der Rollbahn anhielten.
Die restliche Nacht saßen wir im Auto, keiner Handlung, keines klaren Gedankens fähig.

Nach Tagesanbruch fanden wir uns inmitten eines Sumpfgürtels wieder, wohin offensichtlich noch kein Deutscher seinen Fuß zu setzen gewagt hatte.
Gott fügte es so, dass uns ukrainische Partisanen fanden und uns ein paar Tage Asyl gewährten.
Pierre begruben wir am 14. März um die Zeit des Sonnenuntergangs. Der einsegnende Pope, der deutsch sprach, hielt vor dem offenen Behelfs-Sarg eine kleine Ansprache, die mit den Worten endete:
„... er wird bei Ihrem Gott für Sie darum bitten, dass Sie gut in Ihre Heimat kommen!"

Wir ließen den Wagen zurück, einer der Männer brachte uns auf versteckten Wegen in gefährlichen, kräftezehrenden Nachtmärschen zu einer Unterkunft, die dem Starokonstantiner Partisanen-Distrikt unterstellt war.

Vor Erschöpfung nicht einmal mehr in der Lage, nach unserer Ankunft auch nur einen Bissen zu essen, verschliefen wir den ganzen ersten Tag.
Aus dem Strafbataillon brachten wir den seltsamen, teilweise verwachsenen Haarschnitt mit, der uns gegebenenfalls als Entflohene kenntlich machen sollte:
Unsere Tonsuren, jedoch nicht wie bei Mönchen kreisförmig sondern durch geraden Schnitt von der Stirne zum Hinter-

kopf ein Streifen, beseitigten wir, indem wir uns von einem Ukrainer Glatzen schneiden ließen.

Aus den Beständen der Partisanen erhielten wir komplette, fast neue NS-Kampfanzüge, dazu auf "Kumpke" und auf "Harild" lautende Wehrpässe der 100. Jäger Division, Papiere von toten Soldaten, vielleicht von begeisterten Nazis, vielleicht von Menschen unserer Gesinnung, tot wegen einem sinnlosen Krieg.

Die Partisanen, die jeden Dank zurückwiesen, gaben uns mit auf den Weg, dass wir vom Pfarrer in Stryj weitergeleitet würden. Bis Stryj müssten wir es ohne Hilfe schaffen; gut ausgearbeitete Skizzen zeigten uns, wie wir die gefährlichen Hauptaufmarsch-Straßen umgehen konnten.

Ostermontag, 10. April 1944

Bei Buczacz starb Egon.
Durch seine Geistesgegenwart rettete er mein Leben.

Nachdem wir stundenlang in einem ehemaligen Schützengraben ausgeharrt hatten, durch die zu nahe Front am Weitergehen gehindert, wollte ich mich durch herumstapfen außerhalb von diesem "Loch" ein bisschen aufwärmen. Im Sturmgeheul, wie es nur hier so unheimlich sein konnte, hatte ich in einer momentanen Windstille ein unklares, sonderbares Empfinden, ein beängstigendes Gefühl einer fremden Anwesenheit. Eine bange Vorahnung von etwas Furchtbarem, das nun kommen müsse, befiel mich. Plötzlich stieg in einer Entfernung von vielleicht 50 Metern eine russische Leuchtrakete auf. Kaum war der letzte Schein verloschen, ein Schrei und ein blitzschneller Stoß von Egon, ein ohren-

betäubendes Krachen und mir war, als ob eine kalte Hand über meine Wange strich.
Dann überall Blut.
Egon atmete nicht mehr.
In dem verzweifelten Versuch, ihm noch irgendetwas Gutes zu tun, nahm ich seinen "Kumpke"- Pass an mich und seine Brieftasche, dann rannte ich um mein Leben.

Nun war ich alleine.

Alleine mit meinen Gedanken und mit meinen Ängsten.

Alleine machte ich mich wieder auf den Weg, in Richtung Stryj, wie uns von den Partisanen nahegelegt worden war.
Ohne auf Tag oder Nacht zu achten, benommen - unter Schock, wie mir im Nachhinein klar wurde - versteckte ich mich, ging wieder weiter, rastete kurz, versuchte einen Bissen aus meinem Proviantbeutel zu essen...

Nach Stanislau konnte ich nicht einfach weitergehen bis Stryj sondern musste einen Umweg über Brzezany machen, da westlich der Theiß im Raume Kolomea, aus Ungvár oder Munkacs, die sogenannte LAH - die gefürchtete Leibstandarte-SS Adolf Hitler - zu einem Gegenstoß gegen die Russen erwartet wurde. LAH stand für die am besten ausgebildete und mit Sonderausrüstung versehene Spezial-truppe der Nazis.

* * * *

Katja, die meine Abschrift der Aufzeichnungen durchgesehen hatte, lächelte freundlich: „Und dann bist du zu uns gestoßen..."

„Ja. Genau eine Woche nach Ostern, wie ein Osterwunder erscheint es mir jetzt, sah ich dich mit einem jungen Mann vor der Kirche beim Herrn Pfarrer stehen. Dein Cousin sprach mich an; nachdem er erfahren hatte, woher ich kam, brachtet ihr mich zu euch in Sicherheit. Seitdem kann ich wieder freier atmen, kann in der Nacht wieder schlafen und kann reden, wonach mir im Herzen ist: von meiner Sehnsucht nach meiner Sissy, von meiner Verzweiflung, von meiner unablässigen Sorge um meine Lieben daheim, um meine Mutter und um meine Schwester Fini, zwei Frauen alleine - hoffentlich zu Hause und nicht in einem Anhaltelager der Nazis wegen meiner Flucht.

Von euch, den allgemein so gefürchteten Partisanen, erfuhr ich mehr Menschlichkeit als von so manchem meiner sogenannten Kameraden...“

Meinen Bericht nahmen meine Gastfreunde gar nicht weiter überrascht auf, da sie ja selbst seit Jahren ähnliches erlebten. Die Leute, die ich hier kennen lernte, gehörten früher unmittelbar einer mit den Deutschen sympathisierenden Gruppe von Ukrainern an. Als sie jedoch die Methoden und Verbrechen der Nazis erkannten, entschlossen sie sich zur Rückkehr und stellten sich kompromisslos auf die russische Seite.

„Schreib’ auch über meinen Onkel,“ diktierte mir Katja, „schreib’, dass er als junger Bursche in Niederösterreich bei den Eisenbahnpionieren arbeitete. Er spricht nur Gutes von dieser Zeit, vom Kaiser, von Wien, von Wiens Schönheit und Lebensfreude!“

Ende Juni

war für mich die Zeit gekommen, Abschied zu nehmen. Improvisierte Nationaltänze und Balalaikaklänge durften mich nicht dazu verleiten, länger als notwendig die Gastfreundschaft dieser Menschen in Anspruch zu nehmen.

Katja überreichte mir zum Abschied ein Bildchen des Kaisers Franz Joseph. Es berührte mich tief, in diesem fremden Land auf die mir vertraute Welt zu stoßen, es gab mir neue Zuversicht, was wahrscheinlich auch Absicht dieser großherzigen klugen Frau war.

„Es ist ein Andenken für dich von meinem Onkel, unserem Pfarrer von Stryj. Halte es in Ehren.
Es wird dich in jedem Galizischen Haus, wo du ein Bildnis vom aufgebahrten Kaiser siehst, zum willkommenen Gast und Freund machen. Möge es dir Glücksbringer und Andenken sein, eine kleine Erinnerung an uns Menschen hier in der Ukraine. Bis du wieder sicher zu Hause bist, möge es dir ein zweiter Talisman sein neben dem Medaillon deiner Sissy“.

Nachtrag Lazarett Gnesen, August 1944

Lazarettzug 129, auf der Strecke Posen - Gnesen

Erst knapp vor dem Ende der Fahrt bemerkte ich, dass mir Sissys Medaillon gestohlen worden war. Was nützte mein Toben und Fluchen, nichts, aber auch rein gar nichts. Im Fieberwahn, durch einen dichten Schmerzensschleier hindurch, beschuldigte ich erschöpfte Ärzte und übermüdete Sanitäter. Man gab mir eine Morphiumspritze.

Lazarett Gnesen, Baracke IV, Stube 13

Um 11 Uhr legte man mich, am 15. Juli 1944, nackt auf eine Bahre vor dem Bad.
Nur daran erinnere ich mich noch undeutlich.

Was nachher geschah, erzählte man mir später: dass ich, als man mich aufhob und zum Waschen brachte, ohnmächtig wurde.

Großartige Ärzte und Menschen kümmerten sich um mich mit den knappen Mitteln, die ihnen zur Verfügung standen.

„Serienrippenfraktur rechts, Unterschenkel- und Oberschenkelfrakturen, Schussverletzungen", wurde in das Krankenblatt eingetragen.

Als ich zum ersten Mal für kurze Zeit zu mir kam, blickte ich direkt in ein Paar wunderschöne Mädchenaugen, in die der Schwester Inge! Ich meinte, eine zweite Sissy gefunden zu haben!

Die folgenden Wochen waren die schönsten seit 1942, seit meinem großen Verlust.

Die Augen Schwester Inges waren so leuchtend und gut; ihre Fröhlichkeit trotz ihrer schweren Arbeit und ihr unermüdlicher Einsatz für uns brachten ihr meine Hochachtung ein. Ihre Nachtwachen an meinem Bett waren mir Entschädigung für so viele bittere Stunden vorher und ließen mich meine Schmerzen besser ertragen. In der vierten Woche konnte ich schon ab und zu eine Nacht durchschlafen, dies brachten alleine die guten Augen von Inge zustande.

In der fünften Woche nach meiner Verwundung versuchte ich, natürlich heimlich, aufzustehen. Wollte Inge angekleidet auf dem Sessel neben meinem Bett sitzend erwarten, um ihre Anerkennung und vielleicht ein Busserl zu bekommen. Jedoch gleich beim ersten Schritt gab mein gesundes Bein unter mir nach und schon lag ich neben meinem Bett am Boden. Das hatte ich nun davon!

Die 35 cm bis zum Bettrand schaffte ich, trotzdem ich mir die Lippen blutig biss, beim besten Willen nicht. Als nach einiger Zeit Schwester Inge die Bescherung sah, wusste sie nicht, ob sie lachen oder mit mir schimpfen sollte.

Erst als sie mein verzagtes Gesicht sah, half sie mir zurück ins Bett und meinte lächelnd, ob ich denn einen Ausflug nach Schönbrunn unternehmen wollte. Wenn ja, alsdann müsste ich sie mitnehmen, schon lange träumte sie vom schönen Wien. „... und meinen Verlobten müssten Sie auch mitnehmen, der war auch noch nie in Wien", setzte sie hinzu.

Noch nie vorher war mir der schmale Goldring an ihrer Hand aufgefallen, wenn ich ihr von mir und von meiner Verwundung erzählt hatte:

Rückblick/Nachtrag
Ende Juni bis 14. Juli 1944

Nach dem Abschied von Katja und in der Hoffnung auf ein Wiedersehen mit ihr in Friedenszeiten war ich jetzt wieder unterwegs, zu Fuß, alleine, aber mit neuer Kraft und voller Zuversicht.

Von meinen ukrainischen Freunden war ich gut ausgerüstet worden mit Proviant und Orientierungsskizzen, im Kopf die ungefähre Lage der in diesem Gebiet liegenden Divisionen und im Herzen Egons Plan, mit dem wir uns gemeinsam nach Wien hatten durchschlagen wollen: entlang der Karpaten bis Sandez, von dort über Presov und Miskolc nach Budapest.
Egon hatte gehofft, in Budapest oder auch am Balaton den Cousin von Graf Teleki zu treffen. Mit dessen Hilfe wollte er mit Wien in Verbindung treten und Möglichkeiten besprechen, neue Pässe zu bekommen...

In Egons blutiger Brieftasche hatte ich ein Foto von ihm als Pfadfinder vor einem Zelt vor der Kirche in Laxenburg gefunden. Ich würde, musste dieses Bild sicher nach Wien bringen um Egon in seiner Heimat die letzte Ehre zu erweisen, die ich ihm hier nicht hatte geben können.

Ich war unterwegs in Gottes schöner Natur, eine kleine Wegstrecke lang mit einer schwarzen Katze, die sich mir angeschlossen hatte. Ihre Sorglosigkeit und das unbedingte Vertrauen, das sie mir entgegenbrachte, ließen mich die Einsamkeit leichter ertragen. In den Nächten rollte sie sich unter meiner Jacke zusammen und wärmte mich.
Am 7. Juli wurde meine Katze durch das laute Getöse einer 1t-Zugmaschine aufgeschreckt. Sie sprang auf, schoss wie ein schwarzer Pfeil über die Felder und verschwand aus meinem Leben.

Auf der Zugmaschine saß ein Elsässer Freund aus meiner Zeit in Oslo!

Er war nach verschiedenen Einsätzen bei der 20. Panzer Grenadier Division gelandet. Ich beschloss spontan, mich

als Panzerjäger auszugeben und mit dieser Division mitzufahren um schneller weiterzukommen, um nach Hause zu
kommen.

Beim zuständigen Herrn NS-Offizier zeigte ich meinen
Harild-Pass vor und beschrieb ein Gefecht, im Verlauf des-
sen ich den Anschluss an meine Division verloren hätte und
ich als Versprengter mich schon länger bei verschiedenen
Divisionen herumtrieb...
Da ich mit den Stab-Belangen der aufgelösten 25. Panzer
Division vertraut war, konnte ich meine Geschichte durchaus
glaubhaft vorbringen.

„Mein Soldbuch", erzählte ich munter weiter, „hatte ich erst
vor einigen Tagen in einer Schreibstube abgeben müssen
und in derselben Nacht ging es wieder einmal ums Ganze
- die Schreibstube und alles andere ging dabei verlustig.
Jetzt suche ich Anschluss an eine Kampftruppe...".

Doch so vielerlei Erklärungen verlangte man hier gar nicht.

Der neuerliche Alltag unter Nazis war trotz meinem Freund
aus Oslo schwer zu ertragen.

Am 13. Juli 1944

starteten die Russen ihre große Sommer-Offensive.
Tagelang hatten mein Freund und ich die überaltete Zugmaschine repariert. Entweder hielt sie durch, oder nicht,
dann würde sich der Iwan aber freuen...

Am 13. Juli brach unser Konvoi bei Einbruch der Abend-
dämmerung auf, weiter Richtung Westen, auf dem Rückzug, den niemand so nennen durfte.

Über Stock und Stein ging die tolle Fahrt. Gut, dass Mondnacht war, wodurch wir der Straße besser folgen konnten, die die richtige hätte sein sollen - doch kamen wir vom Wege ab und befanden uns mit einem Mal auf einem Feldweg, der lange geradeaus und dann bergauf auf eine Anhöhe führte.

Beim Näherkommen war lautes Schreien und Kampfeslärm zu hören, was uns veranlasste, hinter einem kleinen Wald in Deckung zu gehen. Einige von uns stiegen ab und schlichen im Schutz der Bäume die restlichen Meter zum Rand des Felsvorsprungs. Von hier aus bot sich eine weite Sicht über das Land und über ein Bild des Grauens -

Zwischen dem gegenüberliegenden Hügel und unserer Anhöhe war ein enges Tal. Gerade breit genug für eine Straße, die voll von flüchtenden Soldaten war, von Menschen, die in Panik um ihr Leben rannten vor einer Serie von Stalinorgeln, den gefürchteten 45-schüssigen raketenartigen Waffen mit volltrefferartiger Wirkung. Dazu leuchtende Raketensignale und weiter hinten am Horizont brennende Dörfer in der sternenklaren Nacht.
Wir sahen verzweifelte Menschen planlos herumirren und hörten Hilfeschreie Verwundeter, links und rechts kein Ausweg und dann das allzu bekannte Dröhnen einer herannahenden russischen Panzerkanone T34.

Wer sich nur irgend' retten konnte, nur irgend' Kraft hatte von der Straße wegzukommen, trat, stieß und schlug die Schwächeren nieder um sich am Berghang an Gräsern und Sträuchern festzukrallen. Mittendrin in dieser Kolonne auch drei deutsche Panzer, die über die eigenen Verwundeten fuhren. Neben mir stand ein graubärtiger deutscher Feldwebel, er nahm gelassen seine Faustpatrone (Panzerfaust) und schleuderte sie gegen den letzten der drei deutschen

Panzer! Dieser rutschte an den rechten Straßenrand und zermalmte schreiende deutsche Soldaten.

Wir liefen zurück und stiegen auf, einer erbrach sich, der graubärtige Feldwebel trug etwas in ein kleines Buch ein und lachte zufrieden. Wir fuhren zurück und immer weiter querfeldein, bis wir auf eine versprengte deutsche Truppe stießen. Wir waren jetzt in der Nähe der kleinen Stadt Kamionka, unweit des Sumpfgebietes, in dem ich damals nach meiner Flucht aus dem Strafbataillon 500 gelandet war.

Am südwestlichen Ortsrand von Kamionka gingen wir in Stellung. Um 23 Uhr dann Tieffliegerangriffe, Teile der Stadt begannen zu brennen. Gegen 24 Uhr die Meldung, dass um 4 Uhr Früh Stellungswechsel vorzunehmen sein würde, Ablöse durch die Infanterie, die weiter südöstlich in Stellung lag.
Gegen drei Uhr kamen uns bereits erste Infanterie-Soldaten entgegengetorkelt.
Auf einer Entfernung von 200m war russische Infanterie eingegraben, Kamionka bereits in russischer Hand.
Bis Punkt 4 Uhr keine weiteren Überlebenden, der Stellungswechsel ohne Infanterie-Soldaten zum Wechseln. Aus einem Feldweg kam ein KW II (Kanonenkraftwagen) angebraust und ging während der Fahrt plötzlich in Flammen auf.

Aufprotzen, 25 Schuss Sprenggranaten.

"Aufprotzen" war mir als Aufgabe zugeteilt. Es bedeutete, die Kanone mit Munition zu versehen um damit möglichst viele Menschen zu Tode zu bringen. Vor meinen Augen stand das Lazarett in Frankstadt mit seinem Oberarzt Dr. Wenzl, der den Verwundeten so aufopferungsvoll beistand, ohne Unterschiede zu machen bezüglich Herkunft und Gesinnung. Es war der Moment, in dem ich mir nichts mehr vormachen konnte: Mein Wiedereintritt in die Naziwehrmacht, um zu überleben, um aus diesem Hexenkessel heraus und nach Hause zu kommen, hatte den Preis, wieder mitzumachen bei den Verbrechen der Nazis.

Mechanisch, unfähig zu einer Entscheidung oder auch nur zu einem klaren Gedanken, füllte ich die Kanone.
Laute Rufe von der Zugmaschine her schreckten mich auf, von meinem Freund aus Oslo, der auch Teil der Vernichtung war, um selbst überleben zu können.
Ich sah meinen Freund von der Zugmaschine springen und wild gestikulierend auf mich zu laufen.
Plötzlich ging alles rasend schnell: ich rannte los, Schüsse von allen Seiten, Granaten schlugen ein; ein brutaler Stoß und brennende Schmerzen an der Hüfte, ich wurde zu Boden geworfen und neben mir der Schrei, „Pepperl! Vorsicht!…"
Ich drehte mich um und sah, dass sich die Kanone von der Zugmaschine gelöst hatte und auf mich zu rollte, schnell näher kam und dann über mich hinweg rollte.

Es war mir mehr ein verwundertes Staunen, als Angst und Entsetzen.

Dann rasende Schmerzen und doch gleichzeitig alles unwirklich wie in einem wirren Traum.

Der Lärm ringsherum war ohrenbetäubend.

Dann nur noch langsam verstummendes Stöhnen, dann Stille.

Stunden um Stunden lag ich unbeweglich ohne einen Gedanken.

Es muss schon gegen Vormittag gewesen sein, als ich die
ersten Versuche machte, zur Wehrmachts-Hauptkampflinie
zu kriechen, vorbei an toten zerfetzten Menschen. Diese zu
bewältigenden 700 Meter bis zur deutschen HKL vergesse
ich nie mehr, stets in Panik, dass russische Soldaten auftauchen könnten, jeden Moment den Tod vor Augen und
gleichzeitig gegenwärtig, dass ich mich in Sicherheit bringen
und Hilfe finden wollte bei Leuten, die Fritzl, Sissy und
Millionen Menschen den Tod gebracht hatten.

Ich war alleine wie nie zuvor in meinem Leben.

Meter um Meter kämpfte ich mich vorwärts, Gott allein gab
mir die Kraft. Ich verlor jedes Zeitgefühl. Immer wieder wurde ich ohnmächtig vor Schmerzen, kam wieder zu mir, kroch
weiter, getrieben von einer grauenvollen Angst.
Gegen Sonnenuntergang bemerkte Feldwebel Lewis von
der Stellung aus einen mühsam sich fortbewegenden Verwundeten.
Mit zwei Mann kam er mit einer Bahre und sie brachten mich
zum Lazarettzug, der noch in derselben Nacht Richtung
Posen / Gnesen abfuhr.

Der Herrgott hat es so gefügt, dass ich in einer Bodensenke
zu liegen kam bevor die Vernichtungsmaschine über mich
hinwegrollte.

Der Herrgott wird mir auch irgendwann meine Angstträume
nehmen, wenn es Sein Wille ist.

*   *   *   *

Die Versorgung der Kranken hier im Lazarett wurde immer schwieriger.

Manche der Nazi-Ärzte leisteten Außergewöhnliches.

Andere wiederum gingen die Sache ruhiger an, so auch in meiner Abteilung:

Ein Herr Oberfeldarzt kam ab und zu nachschauen, was seine feldgrauen Soldaten denn so machten. In Begleitung seines Stabes auch Dr. Dobbertin, ein bekannter Frauenarzt, der mir ein paar Tage vorher auf meinen Wunsch nach einem Lungenröntgen geantwortet hatte: „Treiben'S weniger Anti-NS-Politik, dann heilt Ihre Verwundung sicher schneller."

Schwester Inge war es dann, die mir nachher erklärt hatte, was jener nicht bereit war mir zu sagen: Die schlimmen Schmerzen bei jedem einzelnen Atemzug - besonders in den langen qualvollen Nächten hatte ich Angst, dass meine Lunge verletzt sein könnte - waren bei Rippenfrakturen leider normal. Immerhin hätte eine 3 Tonnen schwere Kanone mich erdrückt, wenn nicht der Boden so uneben gewesen wäre!

Auch heute sprach ich wieder den Frauenarzt, der vielleicht ja auch nur zu wenige Kenntnisse mitbrachte für seinen hiesigen Einsatz als Allgemeinarzt, auf diese meine Ängste an.

„Nu, Kamerad, alles in Ordnung?!", meinte der nur.

Offensichtlich war das als Antwort auf meine Bitte gemeint gewesen, was mich ärgerte.

„Sagen Sie doch, guter Mann, stimmt es eigentlich, dass ohne irgendwelche Diagnosen jeder hier oberhalb der Gürtellinie mit Wundpuder und unterhalb davon mit Spiritus behandelt wird, um dann schnell wieder 'raus gejagt zu werden, als Nachschub für die russischen Kanonen?", fragte ich böse.

Alle Gespräche ringsum verstummten, die Schwestern wurden lila. Der Herr Oberfeldarzt meinte lächelnd: „Nun, jetzt haben Sie sich ja ordentlich Luft gemacht, so schlecht kann es um Ihre Lunge gar nicht bestellt sein...". Trotz dem Ernst der Lage und der bitteren Wahrheit, was die damalige Versorgung der Kranken und Verletzten betraf, musste ich lachen. Die anderen stimmten ein. Über sich selbst lachen zu können macht das Leben soviel leichter, diese Lektion habe ich dabei gelernt.
Dann war die Visite auch schon wieder vorbei.

*   *   *   *

September 1944

Ich erhielt Post von
G u s t l !!
Auf's Geratewohl hatte ich ihm durch Schwester Inge Kartengrüße eines "Pepperl Harild" zukommen lassen.
Sein Brief übertraf alle meine Erwartungen:
In verschlüsselter Form war ein fertig ausgearbeiteter Fluchtplan für mich erstellt: Hier in Gnesen würde mir ein Buchhändler, Herr K., eine gewisse Frau Brigitte D. vorstellen, die mir mit Zivilkleidung und allen meinen sonstigen Bedürfnissen weiterhelfen konnte. Ferner erwarteten auf dem ehemaligen Rittergut Treskow Graf und Gräfin G. meinen Besuch; der Herr Graf würde der erste von mehreren Fluchthelfern sein mit dem Ziel Heinrichsdorf, Ostrau, ganz in der Nähe von Gustls Stationierung in Frankstadt. Ein sicheres Versteck stand dort für mich bereit!
Ja, mein lieber Gustav, so schnell ging's nun gerade wieder nicht!

Aber der Brief gab mir großen Auftrieb. Vier Tage später machte ich meinen ersten selbständigen Gang zum Waschraum, ich zwang mich gesund zu werden.

Nach zehn Wochen ging ich, wohl mit Krücken, schon zur Stadt. Rastete zwar bei jedem Bankerl, aber ich hielt durch.

Als ich eines Nachmittags sicher sein konnte, dass mir niemand folgte, ging ich zu besagtem Buchhändler.

Die Hilfsbereitschaft von Herrn K. und vor allem von Frau Brigitte, einer ausnehmend warmherzigen polnischen Dame, werde ich nie vergessen!

Zunehmend schwerer fiel es mir allerdings, Bett an Bett mit deutschen Soldaten zu liegen, versorgt von deutschem NS-Personal.

Nach meiner Zeit mit Katja und den Partisanen wurde mir der Kontrast zu dem, was ich hier so zu hören bekam, überdeutlich.

Wie konnte es sein, dass so viele dieser deutschen Soldaten trotz Verwundung und Elend noch immer an Hitlers sogenannten Idealen festhielten? Nicht alle waren unbelehrbar, aber jeder Einzelne war einer zuviel.

Ging es mir die ganzen Jahre vorher um politische Ziele, so bemerkte ich jetzt, dass ich mir immer öfter um die einzelne Person Gedanken machte. Nachdem Hitler sich als alleiniger Glaubensinhalt in so vielen beeinflussbaren jungen Köpfen festgesetzt hatte, konnte ich jetzt bei manchen sehen, wie groß die Angst davor war, mit dem Eingeständnis des Irrtums an nichts mehr glauben zu können, ohne Ziele und Ideale dazustehen und in weiterer Folge, mit dem Eingeständnis der Schuld.

An meinem Verhalten gegenüber meinen Bettnachbarn wäre sicherlich so manches auszusetzen gewesen. Markige Sprüche über den "bösen Iwan" und ähnliche Dummheiten zerrten an meinen Nerven. Sepp, ein Bayer, plapperte treuherzig alles nach, was er so hörte. Genauso Peterle, auch süßes Bübchen genannt, ein verwöhnter böhmischer Edelknabe... Manchmal war ich auch nur aus einer Laune heraus unfreundlich zu diesen Herren, wie ich leider zugeben muss; doch mit ein paar Tschicks, wie die Zigaretten in Wien heißen, war noch jeder in seinen innersten Idealen gekränkter Herr Kamerad schnell wieder besänftigt.

Ich lernte, den richtigen Zeitpunkt abzuwarten, um mit ernsthaften Gesprächsthemen an die anderen heranzutreten.

Hatten Fritzl und ich früher gerne als Argument gegen die Nazis angeführt, dass man an Hitlers Treffen mit Krupp von Krupp-Stahl einen Tag vor Hitlers Machtergreifung ersehen hätte können, dass hinter aller Ideologie eiskaltes Kalkül und Betrug standen, so hatte ich jetzt erschreckend mehr Argumente; alle Befürchtungen von damals hatten sich um ein Vielfaches schlimmer bestätigt!

Ich redete mich heiser, diskutierte halbe Nächte durch, versuchte zu überzeugen, aber ich musste lernen, die letzte Entscheidung Gott zu überlassen. Ich durfte erklären, Zusammenhänge aufzeigen. Ich durfte einzelnen Menschen zuhören, ihre Ansichten hinterfragen, aber ich durfte nicht anderen Menschen meine Meinung aufzwingen.

Sissys Worte: „... du hast deinen Teil (gehabt), fordere nicht mehr", hatten mir endlich ihre Bedeutung erschlossen. Ich hatte meinen Platz gefunden: nach dem 'Warum' zu fragen, statt zu urteilen und zu richten, denn das darf nur Gott alleine.

Und gerade dadurch, unverhofft, gelang es mir, einige meiner Zimmergenossen für mögliche spätere Aktionen zu gewinnen und in Peterle sogar einen Freund.

Eines Tages erzählte mir Sepp von einer für spät abends angesetzten NS-Versammlung politischer Größen und solcher, die sich dafür hielten, im nahen Gutshaus.

Mit der Hilfe von polnischen Arbeitern, denen ich durch den Buchhändler K. bekannt war und die mich zu jeder Nachtzeit unkontrolliert aus dem Barackenlager rein und raus ließen, inszenierte ich mit noch vier Hamburger Grenadieren einen generellen Strom-Kurzschluss in selbigem Gutshaus. Dann saßen die leitenden Herren leider im Dunkeln.
Ein darauf folgender Fliegeralarm bewirkte das endgültige Ende der Versammlung sowie einige Zusammenstöße teurer NS-Wagen und statt getreuer Führer-Gemeinschaftlichkeit wilde Schreiereien.
Mir brachte die Aktion zwei Tage strenge Bettruhe ein, nach einer Standpauke von Schwester Inge.

20. Oktober 1944

Punkt 17 Uhr fuhr ich vor dem Gut Treskow vor. Im fabelhaft sitzenden Smoking von Brigitte und mit etwas Herzklopfen, wurde ich von der Gastgeberin herzlich willkommen geheißen.
Sie führte mich in einen Salon und machte mich bekannt mit Graf und Gräfin G. sowie mit Frau Gräfin Mutter, einer 77-jährigen, ausnehmend g'scheiten Dame, weiters mit Baron v. W. nebst Gattin und Tochter - Schwester Inge!
Dann noch zwei Freunde, deren Namen ich mir nicht merkte vor Aufregung, dass ich Inge hier vorfand! Alles hätte ich eher erwartet. Ich hätte sie mehr für eine deutsch-freundliche Estin gehalten, da sie doch beim hiesigen Roten Kreuz Dienst versah.
Mein erster Smoking...
Als Kind war ein Smoking für uns immer der Inbegriff von Geld und damit von Sorgenfreiheit gewesen; dann vor zwei Jahren meine Träume von einem Ballbesuch mit Sissy in meinem ersten Smoking in Sorgenfreiheit und Liebe, nun

war alles ganz anders gekommen, ich musste mich zwingen, nicht zu weinen.

Für den einen Abend versuchte dieser kleine Kreis von Menschen, nicht an die alltäglichen Ängste und Schrecken zu denken.
Reiseerinnerungen wurden ausgetauscht über Paris, Venedig, Mailand;
In Madrid soll im Museo del Prado ein Waldmüller gestohlen worden sein, erzählte Baron v. W. Dann las Inge uns ein Feuilleton vor über den ältesten Salzprinzen, der sich aus Bad Ischl seine Prinzessin heimholte...
Der Hausherr führte uns in einen geräumigen Stall mit zwei herrlichen Araberstuten und einem kleinen Fohlen, wohl wissend, dass sie bald von den Russen beschlagnahmt würden.

Die Stimmung schlug um.
Der Gnesener Dom soll zu einem NS-Munitionslager umfunktioniert worden sein, der Vikar mit KZ bedroht, berichtete Inges Vater, Baron v. W.
Keine Nachricht von Inges Verlobten...

Schweigend gingen wir zurück ins Haus. Graf G. bat mich kurz in einen kleinen Nebenraum, um Gustls Fluchtplan für mich zu besprechen: Am 25. Oktober sollte ich abends aufs Gut Treskow kommen, instruierte er mich. Dann gingen wir zu den anderen in den Salon, wo Inge am Klavier saß und uns mit Chopin in ein so ganz anderes Polen versetzte, als ich es bisher erlebt hatte.

Später stellte mir die Gräfin Mutter die Frage nach meinem Alter.
„Bald 21, Gräfin!"

„Erst 21!" Die alte Dame schüttelte den Kopf. „Was ist das denn für ein Leben für euch junge Leute? Nur Krieg und Elend!

Erzählen Sie, wie es dort in Österreich war, wie war die Haltung des österreichischen Volkes 1938? Unsereins hat hier nur NS-Propaganda zu hören bekommen; was war der Anschluss für euch Österreicher, für die Jugend dort?"

„Ich weiß es nicht, niemand weiß es", antwortete ich.

Es war ein bitteres Eingeständnis; nein, ich wusste es nicht. Niemand wusste wirklich, was genau den Heldenplatz in Wien mit vor Begeisterung schreienden Menschen gefüllt hatte.

Die Menschen waren damals in jener gereizten Stimmung, in welche sie geraten, wenn ihnen eine innere Stimme des Gewissens sagt, dass sie im Begriff sind, ein Unrecht zu begehen. Das sogenannte "Volk" war die Gesamtheit von ungezählten Einzelschicksalen mit Arbeitslosigkeit, voll Zukunftsangst oder auf der Suche nach einem neuen Ideal.

„Schon Jahre vorher war in kleinen Schritten der Grundstein gelegt worden für eine Denkungsart, die nach außen hin idealistisch und realistisch wirkte. Nur mit Hinterfragen hinsichtlich menschlicher Werte konnte man die Gefahr dahinter erkennen..."

„... und wer Hunger hat und keine Arbeit, hinterfragt nicht lange!", ergänzte die Gräfin und nickte.

„Wenn alle verantwortlich sind, ist keiner verantwortlich. Die Menschen in Österreich konnten nicht mehr zurück. Die Parteien versuchten ihr Möglichstes, die Anliegen ihrer Anhänger durchzusetzen, aber sie hatten zuwenig Geld und Zeit. Alles ging den Menschen zu langsam; sie sahen NS-Leute auf der Straße Suppe an Hungrige ausgeben und Bedürftigen helfen, die Jugend schloss sich diesen Helfern an..."

„Essen für alle, für alle Menschen außer für die `Minder-
wertigen´ ", warf Baron v. W. ein,
„nur, dass das niemand so genau wissen will...".

Der Zersetzungskampf begann in Kleinigkeiten, machte in
kleinen Schritten unempfindlich gegen Unrecht, verließ sich
darauf, dass sich Menschen mit der Zeit anpassen.
Doch immer wieder konnte man auch Kritik und ein Hinterfragen aus verschiedenen Veröffentlichungen herauslesen,
so bei Helly Möslein, Partnerin Hermann Leopoldis, des
populären Volksliedkomponisten, die 1939 schrieb:

> „... und schaudernd dachte ich's, da kroch's heran,
> regte hundert Gelenke, alle zugleich,
> wollt' schnappen nach mir - in des Schreckens Wahn
> ließ ich los der Koralle umklammerten Zweig:
> Gleich fasst' mich der Strudel mit rasendem Toben,
> doch es war mir zum H e i l e, er riss mich nach oben."

Solche Schriften wurden dann immer gefährlicher, die Gestapo war allgegenwärtig.
Die Gräfin nahm meine Hand, zitierte Schiller:

> „Fürwahr, ich muss dich glücklich schätzen, doch,"
> spricht er, „zittr' ich für dein Heil;
> mir grauet vor der Götter Neide:
> Des Lebens ungemischte Freude
> ward keinem Irdischen zuteil."

„Des Lebens ungemischte Freude werdet ihr Jungen genauso wenig finden wie wir Älteren", setzte sie hinzu, „aber
ich wünsch' Ihnen und uns allen, dass diese schlimmen Zeiten jetzt endlich ein Ende finden..."

21. Oktober 1944

Direkt ins Lazarett von einem mürrischen jungen Griechen zugestellt, erhielt ich Marschbefehlsorder für Brünn, für die Strafbataillon 500 Neuaufstellung!
Wie man in den ganzen Wirrnissen meine Identität festgestellt hatte, wundert mich noch heute.

Ich saß in der Falle. Der ganze großartige Fluchtplan von Gustl war umsonst.

22. Oktober 1944

Meine Lazarettkollegen sah ich nie mehr wieder. Kollegen oder auch Freunde, so viele Schicksale, soviel Leid.

Mir zur Begleitung war Herr Unteroffizier Fitje zugeteilt. Begleitung war das freundlichere Wort für Bewachung.

Wie es der Zufall wollte, war Unteroffizier Fitje, ein junger Mann aus Hamburg, keineswegs daran interessiert, mich nach Brünn zu eskortieren. Er wollte nur so schnell wie möglich nach Hause.

Eingedenk der Erzählungen Katjas, lotste ich meinen Bewacher und mich mit den richtigen Papieren in einen falschen Zug, statt Richtung Brünn nach Warschau.

*   *   *   *

Die Ankunft in Warschau wurde zum Desaster.

Nachdem wir uns mit mehr Glück als Verstand an zwei Kontrollposten vorbeigezwängt hatten, erlebten wir eine Stadt voll von NS-Schergen; die Straßen wimmelten nur so von Uniformen und Kontrollpatrouillen.

Fitje war verzweifelt. Es wurde ihm einmal mehr bewusst, dass er, gleich mit mir zusammen, jetzt ebenfalls für das Strafbataillon 500 fällig war, wenn nicht für Schlimmeres!

Es wurde schon dämmrig, als wir plötzlich vor dem Ursulinen-Kloster standen.

Noch bevor wir uns überlegen konnten, ob wir hier Hilfe finden würden, zog uns eine vorbei kommende Ordensschwester resolut mit sich, unsere panische Angst war nicht zu übersehen gewesen.

Schwester M. fragte nicht lange, sie brachte uns zu ihren Mitschwestern, alle mitsamt voll bewundernswerter Ruhe und Herzlichkeit.

Vier Tage und Nächte wurden wir umsorgt und auch ausgefragt nach dem Stand des Krieges und nach allen Neuigkeiten, bis uns dann polnische Eisenbahner abholten und wir in alten Monteur-Arbeitsanzügen nach Hamburg geschleust wurden.

Als wir in Hamburg aus dem Zug stiegen, liefen wir zwei NS-Offizieren der 20. Division direkt in die Arme.

Hamburg

Anfang November 1944

Langwieriges Verhör in einem zugigen Keller am 1. November 1944.

Was mir früher endgültig das Todesurteil beschieden hätte, war hier in Hamburg eher ein administratives Problem.

Als ich nach dem Sinn unserer Spazierfahrt gefragt wurde, sagte ich im ersten Schreck die Wahrheit.

Die Wahrheit war, dass ich das Strafbataillon 500 kein zweites Mal überlebt hätte.

Nachdenklich betrachtete mich der befragende Offizier.
Dann griff er zum Telefon, sprach mit verschiedenen Stellen - und teilte Fitje und mich schließlich für die Neuaufstellung der 20. Panzer Jäger Abteilung ein!

Nach einer durchwachten Nacht entschloss ich mich, nochmals bei diesem Hamburger Offizier vorzusprechen, dessen Namen ich bis heute nicht weiß und um Genesungsurlaub anzusuchen.

war ich bei meinen Lieben daheim. Meine Mutter, blass und mager aber mit glänzenden Augen, nahm mich in die Arme wie ein kleines Kind.
Dank meiner voraus geschriebenen Briefe, von Freunden aus Oslo abgeschickt, hatte sie Gott sei Dank keine Kenntnis von meiner Zeit in Russland.

Die vertrauten Straßen und Plätze meiner Kindheit waren durch die Bombenangriffe verändert, unsere Nachbarn jedoch nicht - dumme Parteiparolen begleiteten mich hinaus in die Sonne, zu Fritzl's ehemaligem Arbeitsplatz und zu anderen lieben Orten, wo ich mich ihm nahe fühlen konnte.

Mit meiner Schwester Fini spazierte ich sogar einmal einen ganzen Tag lang durch Wien - dank dieses Hamburger Offiziers nicht als Deserteur eines Todes-Strafbataillons sondern als Soldat auf Urlaub, die verhasste Nazi-Uniform verblieb allerdings im Schrank.

Dass ich Soldat eines Heeres war, das für Hitler Unrecht um Unrecht beging, dieses unausgesetzte Versteckspiel um innerhalb der Wehrmacht selbige zu schwächen und gleichzeitig meine Angst, dass durch mich Menschen zu Schaden kämen, war die Last die ich trug.

Die Landung der Alliierten in der Normandie, erfolgreich nicht zuletzt durch meine kopierten Wehrmachts-Aufmarschpläne, die ich den Engländern zukommen hatte lassen, hatte Menschenleben gerettet und gleichermaßen Menschenleben gekostet.

Als ich mit meiner Schwester über all' das Furchtbare sprach, erzählte sie mir, dass Fritzls Soldbuch nach seinem Tod in unser Wehrmachtsmeldeamt geschickt worden war. Fini war zu dieser Zeit dort dienstverpflichtet im Büro tätig. Sie hatte das Soldbuch selbst gesehen, blutig, mit einem Loch mittendurch, was wahrscheinlich bedeutete, dass Fritzl von Angehörigen der SS erschossen worden war (ein Soldat trug sein Soldbuch üblicherweise in der linken Brusttasche). Diese schlimme Erkenntnis deckte sich mit meiner Vermutung gleich nach Fritzls Tod. Meine Bemerkung diesbezüglich hatte mir damals 60 Tage Festungshaft, Ketten und Todesängste eingebracht.

In seinem letzten Brief standen die Worte: „... müssen fest schaffen, was wie und warum, kann ich Dir nicht schreiben ... geistig bin ich in ziemlich schlechter Verfassung..."

Seine letzte Stationierung war in der Nähe von Katyn gewesen, während man das Massengrab toter Polen entdeckt hatte Februar 1943; im März erfolgten dann die Ausgrabungen. In einem Zeitraum ohne jegliche Feindberührung in diesem Gebiet dann sein plötzlicher Tod.

Nur Gott weiß, wie und warum er sein Leben geben musste.

Für Fritzl:

Du kamst, du gingst mit leiser Spur,
ein flücht'ger Gast im Erdenland.
Woher? Wohin? Wir wissen nur:
Aus Gottes Hand in Gottes Hand.

(Tod eines Kindes, Uhland)

25. November 1944

*„Sepperl weggefahren zurück nach Hamburg 7 Uhr früh",
steht als Steno-Notiz im Taschenkalender meiner Schwester zu lesen.*

29. November 1944

Ich traf auf meinen Freund Dkfm. Lewis, der mich vor
Kamionka mit zwei Helfern unter Lebensgefahr zum Lazarettzug getragen hatte.
Mit Lewis und einem Hamburger Wirtschaftskapitän, einem
typischen Weltenbürger, erlebte ich das Grauen der zerstör-
ten Stadt Hamburg.
Vorbei an der Außenalster, gelangten wir nach einem tüch-
tigen Marsch bei dem rauhen, stürmischen Wetter zu dem
als Park angelegten Ohlsdorfer Friedhof. Lewis erzählte mir,
dass dessen Gründer die zutiefst humane Version gehabt
hatte, jeder Verstorbene solle in einem eigenen Grab in
einem Paradiesgarten ruhen.

Wir standen lange vor einem alten Hanseatengrab.
Wehmütig gedachte ich meiner in alle Winde verstreuten
Lieben. Tot, verschollen - Sissy, Onkel Hans; Fritzl irgendwo
in den eisigen Weiten Russlands, Pierre, Egon in den
Wäldern der Ukraine... Wo wird man mich eines Tages
verscharren?

4. Dezember 1944

Für Abstellung nach Ungarn, über Grodno wurde ich eingeteilt.

Lewis hatte doch recht, als er mich einmal tröstete, dass es jetzt wohl nicht mehr lange dauern könnte und ich bald zurück nach Österreich kommen würde. Auch das war hier in Hamburg anders als bei den Preußen allgemein: Man gebrauchte in Hamburg stets den Ausdruck `Österreich´. Niemals hörte ich hier, auf deutschem Grund und Boden, den nach wie vor gültigen Namen `Ostmark´.

Über Lewis erhielt ich einen Brief von Gustl:
„... na, Gott sei Dank bist Du mit heiler Haut davongekommen (so ein' schönen Plan hab' ich Dir gemacht...).
Pepperl, pass aber auf, pass mir immer weiter auf, auch wenn ich jetzt für Februar mit der Kapitulation rechne. Pass Du mir auf Dich auf und auch auf versprengte Landser, die sich noch sinnlos in Gefahr bringen. Hilf mit, unnötiges Blutvergießen noch diese letzten Tage zu verhindern und auf ein Wiedersehen in Wien, Dein G.“

* * * *

8. Dezember 1944

Abfahrt nach Grodno. Wir waren eine ganz schön bunt zusammengewürfelte Gesellschaft:
Soldaten der Luftwaffe, die niemals eine Stunde infantristischen Einsatz erlebt hatten, weiters "Kriegsverwendungsfähige" nur kurz nach ihrer Lazarettentlassung, Männer und halbe Kinder aus aller "Herren" Länder...

Die Überstellung nach Grodno in Viehtransport-Waggons in bitterer Kälte bot mir Gelegenheit, mir von Lewis namentlich genannte Soldaten ins Vertrauen zu ziehen mit dem Plan, die für Ungarn anstehende Ausbildung an den Raketenwerfern - überlange 8,8 cm Pak (Panzerabwehrkanonen) - unbemerkt zu sabotieren.

Mitte Dezember 1944

Schon am Tag nach unserer Ankunft ergriff Lang, ein Wiener, die Initiative zu unseren Sabotageplänen; er meldete unserem Kompaniechef mit ernster Miene:
„Herr Leutnant, wir werden den Iwan stoppen! Mit uns'rer Sippe im Gefolge, mit all' unseren Kameraden Schulter an Schulter, werden wir den Iwan vernichten! Geben Sie mir Ihre Männer in Blitz-Ausbildung, lassen Sie mich meine große Erfahrung weitergeben an unsere Neuzugänge zu Sieg, Heil und Ehre unseres großen Führers!"

Man mag es glauben oder nicht, aber unser Herr Kompaniechef - wir benannten ihn "Bumpfi" - war hoch angetan von diesem preußisch - patriotischen Erguss und bewilligte tatsächlich für jene, die noch immer Soldaten spielen wollten, die Zuweisung zu unserem Trupp, in dem allerdings, statt der Ausbildung zum Schießen mit Kanonen, ausgedehnte Märsche in schöner Winterlandschaft erfolgten.

Ein "Sudetengermane", dem das alles seltsam vorkam, erstattete Meldung bei unserem Soldatenvater, erreichte allerdings statt Anerkennung nur die Zurechtweisung, dass „.... wir dankbar sein müssen, mit welch' eisernen Soldaten unsere Abteilung verstärkt worden ist".
Ach, Bumpfi...

Interessant war Langs Unterricht. Von strategischen Erwägungen bei Frontbegradigungen war die Rede; wie umgehe ich eine feindliche Auffangdeckung bei Nacht, ohne Kompass, ohne Karte; was mache ich, wenn ich sprachunkundig Partisanen in die Hände falle - unbedingt trachten, mit ihnen menschlichen Kontakt zu bekommen... Lauter unsinniges Zeug, jedoch unverkennbar der Ernst, mit welchem Bumpfi Langs Bemühungen Glauben schenkte. Langs Schulung der jungen Männer für die letzte Kriegsphase bestand jedoch in erster Linie in der Anweisung: „... schießen, schießen und wieder schießen - aber nur in die Luft!!"

Inzwischen war die Disziplin der gesamten Kompanie in Auflösung begriffen. Anstatt Drill an der Kanone, saßen wir in der Kantine. Karli gab Wienerlieder zum Besten. Jeder einzelne dieser Soldaten, ob Berliner, Sachse oder Dresdner, wartete nur voller Sehnsucht auf das Kriegsende und darauf, dass dieses schreckliche Morden bald ein Ende habe.

In unserem großen kahlen Schlafraum rückten wir in einem Winkerl zusammen, unter uns vormals überzeugte Nazis, nunmehr ernüchtert, dass alles jahrelange Leiden und Opfern umsonst und die Ideale, an die sie geglaubt, falsch gewesen waren.

Aktiv wurden jetzt Soldaten, denen man früher alles andere eher zugetraut hätte, als sich gegen die Gesetze aufzulehnen. Oder sollte da schon ein gewisses Rachebedürfnis mitgespielt haben?
Ein Posener Tischlermeister sprengte das am Bahnhof lagernde Benzindepot für die gesamte Verteidigung der Region.
Ein zweites Mal, als er keine andere Möglichkeit mehr sah, sprengte er sich mitsamt einem Munitionsstapel selbst in die Luft. Dies war nicht mehr zu vertuschen. Als Irrer wurde er hingestellt. Das war uns keine neue Auslegung. Neu war für

uns nur die Offenheit, mit der man von derlei "Affekthandlungen" sprach.

Spionage, Wehrmachtszersetzung, Desertionen, Kriegsgericht... Dies waren jetzt unsere täglichen Neuigkeiten.

Jeder Tag brachte uns neue Freudenbotschaften über den Vormarsch der Alliierten. Aber nach wie vor waren die NS-Parteiparolen viel zu mächtig in den Köpfen vieler Menschen, die jahrelang unter diesem Einfluss gelebt hatten.
Einen SA-Sturmführer, der sich mit echtem Idealismus freiwillig an die Front gemeldet hatte, fanden wir frühmorgens am Hosenträger erhängt auf.

19. Dezember 1944

... wir würden abgehen, brachte ich in Erfahrung.

Am 18. Dezember, 4 Uhr früh kam der Abmarschbefehl nach Ungarn. Gegen Abend war die ganze Bagage verladen und verstaut. Erst um 22 Uhr bekamen wir endlich eine Lok und um Mitternacht das Abfahrtssignal.

Acht Hamburger "vergaßen", rechtzeitig am Bahnsteig zu sein um mitzufahren...

Dreien von uns aus Oberschlesien gelang es, sich zwischen zerschossenen Panzern auf einem Transporter Richtung Breslau zu verstecken, von uns wohlausgerüstet mit Verpflegung, Tschechen-Kronen und codierter Adresse unserer Kontaktleute in Breslau. Hoffentlich kamen sie durch.

Ungarn

Balatonberény, 12. Februar 1945

Tagebuch-Nachtrag

Als der Transport über Pressburg nach Hainburg ging, erlaubte ich mir einen kleinen Abstecher nach Hause.
Die leuchtenden Augen meiner Mutter bestärkten mich in meiner Absicht, zu Hause das Kriegsende abzuwarten; nur dem Drängen der Meinen zuliebe entschloss ich mich dann doch, sie noch einmal zu verlassen, zu unsicher war die Hausgemeinschaft des 16er Hauses; ich durfte meine Lieben nicht in Gefahr bringen!

Laut Fahrplan sollte unser Transport erst nach drei Tagen Aufenthalt in Hainburg weiterfahren. Als ich am 22. Dezember, am zweiten Tag, schweren Herzens meine Familie im Stich lassend um sie zu schützen, nachmittags am Bahnhof eintraf, war der Zug schon längst weg!

Etwas nervös ging ich zur Hauptstraße, um zu versuchen, von einem Auto Richtung Nagykanizsa mitgenommen zu werden.

Ein schier unendlich langer Zug Elendsgestalten, von SS-Männern Richtung Wien getrieben, wankte an mir vorbei. Wie diese ausgemergelten Menschen, in zerrissene Decken gehüllt, die nackten Füße notdürftig mit Fetzen umwickelt, in diesem eisigen Schneetreiben noch weiter durchhalten konnten, war mir unbegreiflich. Ohne lange zu überlegen,

drückte ich einer Frau den Weihnachtsstollen meiner Mutter in die Hand, einem alten Mann meine dicken Fäustlinge; plötzlich wurde ich von hinten von einem SS-Mann angebrüllt, mitzukommen!
Statt dem erwarteten Verhör wurde ich zu einem Trupp von ca. 150 Mann gebracht, zusammengefangen von einem Auffangstab der SS, und kurz darauf auf einen LKW gestoßen. Nach einer vielstündigen gefährlichen Fahrt durch Nacht und Schneegestöber landeten wir im Morgengrauen an der ungarischen Front und mussten in fieberhafter Eile Barrikaden und Befestigungen bauen.

Am 24. Dezember, am Heiligen Abend, griff der Russe mit Vorliebe an, war meine Erfahrung aus den letzten Jahren. Wenn es mir nicht gelingen konnte, von hier weg zu kommen, drohten russische Gefangenschaft und Sibirien.

Barrikadenbau

Und wieder war es Weihnachten... ja, aber wieder nicht für mich.

In den zwei kurzen Tagen, die ich bei den Meinen war, hatte ich nur den einen Weihnachtswunsch: meine sehnsüchtige Bitte um Frieden.
In meinem Herzen trug ich die Weihnachtsbotschaft nach Lukas:
„... und der Engel sprach zu ihnen: Fürchtet Euch nicht! Denn euch ist heute der Heiland geboren ... und die himmlischen Heerscharen lobten Gott und sprachen: Ehre sei Gott in der Höhe und Frieden auf Erden... "

Am Christtag in die Hauptkampflinie geworfen worden.

Am Stephanitag hissten wir die weiße Flagge.
Mit erhobenen Händen rannten wir den russischen Soldaten zu.
Gegen Abend bei den Russen brachte ich dem Dawaritsch eine Kiste Schnaps, die ich von seinem eigenen russischen Panzer heruntergestohlen hatte. Dieser gutmütige Genosse nahm mich vom Stellungsbau zurück und brachte mich unmittelbar hinter die russische Hauptkampflinie!

Dort ließ er mich laufen - vorher musste ich aber noch auf das Wohl Lenins, Stalins sowie auch auf sein höchst persönliches Wohl trinken. Mit Begeisterung ließ ich Lenin, Stalin, den Dawaritsch und dann noch dazu meinen künftigen Kaiser Otto hochleben und verschwand nach einem kräftigen Händedruck im Dunkel des Waldes. Unter Todesangst irrte ich durch dichtes Gestrüpp, nur mit Gottes Hilfe konnte ich sowohl dem Artilleriefeuer der Russen als auch dem der Deutschen ausweichen. Ich gelangte über Balatonfüred nach Balatonberény; diese Route erwies sich als die einzig mögliche.

Sechs Tage brauchte ich (das heißt: genau genommen nicht sechs, sondern über 200 Tage...), um Egons Asyl zu erreichen.

Übernächtigt, durchfroren, ganz zittrig vor ausgestandener Angst und Anstrengung, wurde ich von Monsignore M., dem Cousin von Graf Teleki herzlich empfangen. Ich konnte ausschlafen und Ruhe finden. Am nächsten Morgen setzte er mir ein warmes Essen vor, nach tagelangem herumirren ohne Proviant, Gott segne ihn dafür!

Monsignore M. hörte meine Lebensbeichte an und klärte so manche Wirrnisse in mir. Beide gedachten wir unseres gemeinsamen Freundes Egon.

Er riet mir, nicht auf längere Zeit hier zu bleiben, sondern mich gleich am nächsten Tag in Iharosberény bei "Bumpfi" zurück zu melden unter Anführung von: „Den Transport versäumt beim Wasserfassen in Pressburg, falsch weitergeleitet nach Hainburg, nach verschiedenen Zwischenstationen erst auf Umwegen hierher gekommen...".

18. Februar 1945

Bumpfi glaubte mir alle meine Ausreden. Mit einem erfreuten Händeschütteln und schimpfend auf die misslichen Verhältnisse, nahm er mich wieder im Kreise seiner Jünger auf.

6. März 1945

Bumpfi: „... warum laufen Sie als Oberschütze herum, wenn Sie doch zum Leutnant der Reserve befördert wurden?

Warum tragen Sie nicht Ihre neue Auszeichnung, das
Eiserne Kreuz?"
Ich muss wohl ziemlich langsam g'schaut haben; - wie
jemand, der jahrelang bei der NS-Wehrmacht auf der Nega-
tivliste geführt worden war, plötzlich befördert werden konnte, war mir unklar.
Oder war es eine Falle? No, dazu sah der NS-Mann zu
feierlich drein. Aber wieso, wie war das möglich?
Des Rätsels Lösung brachte mir nach "feierlicher Ansprache" ein Brief von meinem Freund Gustl!

Gustl schrieb:
„Mein lieber Schützling!
Ich gratuliere Dir von ganzem Herzen zu Deiner `hohen
Auszeichnung´, dem Eisernen Kreuz II.
Unser großer Führer hat höchstpersönlich Deine
Rehabilitation unterzeichnet...!!

Mit vielen lieben Wünschen und Gottes Segen,

                              immer Dein alter Gustl

PS: Bin nun doch im Wehrkreis gelandet, leite jetzt
    die Abteilung für Überprüfung der Kriegsgerichts-
    urteile!
        Eine w i r k u n g s r e i c h e Tätigkeit!"

*Es sollte das letzte Lebenszeichen meines guten Engels
sein! - Er wurde noch in den letzten Kriegstagen in Wien von
den Nazis im Gefolge von Major Biedermann gehenkt!!*

Die von Gustl mir als neue Chance zugedachte Auszeichnung wurde von allen Seiten als Tatsache angesehen...

7. März 1945

Bumpfi ist blöd. Ausgerechnet mich machte er nun zu seinem Vertrauten. Er übertrug mir Spezialaufgaben wie Geländemeldung an die Division über den Bau des Pak Riegels, über den Zustand der Verteidigungslinie etc. und als Krönung: beförderte er mich zu seinem "Leibmelder"!

Als Leibmelder immer mit den neuesten Befehlen vertraut zu sein, war mir den Preis wert, erneut lebensgefährliche Meldefahrten auf mich zu nehmen, ohne Deckung unter Granatwerferbeschuss und Kugelhagel.

8. März 1945

Wurde nun noch "selbständiger".

Speziell meine letzte schriftliche Meldung über den Stand der Margarethenstellung erhielt einige feine Abänderungen. Ich "irrte" mich nämlich in der Zeichnung etwas. Anstatt festen Untergrund zeichnete ich Sumpfland. Minenfelder mit ca. 600 Minen waren bei der Anfertigung der Zeichnung in das geplante Stellungsgebiet verrutscht…

Führer befiehl, wir folgen –
Bumpfi befiehl, wir bauen –

Auf Führer Bumpfis Befehl hin bauten wir einen überschweren Gefechtsbunker mit Drahtmatratzen und Betten als Splitter- und Bombenschutz. Diverse Verbesserungsvorschläge hörte er sich interessiert an, um sie dann schlussendlich falsch umzusetzen…

Gefechtsbunkerbau

Seit Tagen konnte man schon aus Nordosten von Richtung Balaton Kampflärm vernehmen. Dabei unser aller große Sorge um das Munitionslager in Nagykanizsa mit haushoch gestapelter Munition. Wenn das in die Luft fliegt, na das wird was geben!

10. März 1945

Habe vom Oberförster aus Inke, der kleinen Ortschaft unweit unserer Stellung, einen dunkelbraunen Jagdhundmischling geschenkt bekommen. Nenne ihn Waldi. Auch so manches Schwein können wir aus Inke beziehen.

12. März 1945

Mit Waldi war ich den ganzen Tag im Gelände unterwegs und konnte einigermaßen sichere Schleichwege zu den einzelnen Dörfern und Ortschaften erkunden.

Bumpfi unterwegs mit Freund Alkohol.

17. März 1945

Panzerwarndienstschlüssel für Stellung I und II der Margarethenstellung in Iharosberény unterschlagen und an einen Widerstandskämpfer weitergeleitet.

21. März 1945

Folgende Nachricht ereilte uns:
Baron v. L. und zwei seiner Bediensteten vom Standgericht wegen Spionagetätigkeit zu Gunsten des russischen Militärs hingerichtet.

Gründonnerstag, 29. März 1945

Die verlässliche Information zugetragen bekommen, dass morgen Früh der Russe seinen Vorstoß aus Nagykanizsa über unsere Stellungen hinaustragen würde.
Lang, Pepi, Karli und die Hamburger Freunde über den Status quo unterrichtet.

Gegen 18 00 Uhr wurde ein Schwein geschlachtet und an jeden eine warme Mahlzeit ausgegeben. Dann wurde noch ein wenig Marschverpflegung für die nächsten Tage verteilt. Gegen Mitternacht verabschiedete ich mich vom Oberförster und seiner Familie.

Karfreitag, 30. März 1945

- Mein letzter Tag als deutscher Soldat -

Um 4 30 Uhr wurden 21 T34, - 11 KWI und 8 Josef Stalin-Panzer östlich von Inke gemeldet!
Um 5 Uhr wurde die Kirche von Inke gesprengt.

Ich änderte den ausgegebenen Befehl: „Bei Sichtung der grünen Leuchtkugel Stellungen unter allen Umständen bis zum letzten Mann halten", in:
„Bei Sichtung der grünen Leuchtkugel Stellung I aufgeben und auf Stellung II zurückziehen" - der letzte von so manchen Versuchen von mir, von uns, im Durcheinander eines ungeordneten Rückzugs Fluchtmöglichkeiten für möglichst viele Männer zu schaffen. Ob es ihnen gelingen würde ihre Heimat zu erreichen, lag allein in der Hand unseres Herrgotts.

Ab 6 00 Uhr konzentriertes Artilleriefeuer.

Bumpfi, mit meiner Sekundanz, bezog seinen Posten bei Geschütz I.
Um 14 10 Uhr schoss ich die langersehnte grüne Leuchtkugel ab!!
Ersparte damit so manchem einen Stellungs-Nahkampf.
Bumpfi selbst erteilte den Befehl: „Sprengen!"...

Nach Aufgabe der Stellung I pirschte ich mich mit Bumpfi durch das Birkenwäldchen auf Stellung II zurück.

Ein Krad-Melder empfing uns mit: „Herr Leutnant, ich komme mit Meldung an den Tross bezüglich Beorderung der Trossmannschaft in Stellung nicht mehr durch, da die Straße nach Iharosberény unter direktem Panzerbeschuss liegt!"

Bumpfi: „Freiwillige vor! Sofort! Wir haben keine Zeit zu verlieren! Wer wirklich will, kommt durch!"
Eisiges Schweigen folgte.
Blitzartig wurde mir dann klar: nach diesem intensiven Feuerauftakt blieb nicht mehr viel Zeit!
Ich ergriff die Gelegenheit und salutierte mit:
„Herr Leutnant, ich übernehme den Auftrag!
Melder Leopold meldet sich ab!"
Bumpfi: „Ich danke Ihnen, Kamerad, dass Sie, obwohl Sie gleich mir erschöpft eben erst hier ankamen, sich keine Minute darauf besinnen, was eines deutschen Soldaten Pflicht ist!"
Ich hatte nichts eiligeres zu tun, als aufs nächste Fahrrad zu springen. So einfach war kaum einer von der Hauptkampflinie losgekommen!

Dass mir noch allerlei Schwierigkeiten auf dem über 1000 Kilometer weiten Weg nach Hause bevorstanden, war mir bewusst, doch das Gefühl von Freiheit, hinter der Kampflinie auf dem klapprigen Fahrrad unterwegs, kann ich bis heute nicht beschreiben.

Auf dem Weg nach Nagykanizsa traf ich auf immer mehr Soldaten auf dem Rückzug. Lernte einen älteren Schäfer in Landseruniform kennen. Doch wer er wirklich war, erfuhr ich erst 2 Wochen später, er stellte sich mir nur als Lubimir vor.

Als nächsten Treffpunkt vereinbarten wir Kirche Legrad, so
wir uns verlieren sollten in diesem Durcheinander der Ko-
lonnen von flüchtenden Soldaten. Immer wieder intensivste
Schlachtflieger-Einsätze, "Orgelüberfälle" und auch forcier-
tes Artilleriefeuer.
Bei einem Weinbauern vor Nagykanizsa trafen wir Karli,
Lang, Pepi und Gitschi mit einigen weiteren "Rollbahnwan-
derern". Dieser Trupp ließ sich weder durch die ringsherum
brennenden Dörfer noch durch die bedenkliche Nähe wohl-
organisierter Auffangstäbe irritieren. Die Freude, endlich und
endgültig heim zu kommen, war stärker als die Gewissheit,
noch mit allerlei Gefahren fertig werden zu müssen.
Meinen Hund Waldi hatte ich in all den Wirren verloren.

31. März 1945, Karsamstag

Im Morgengrauen nahmen wir Abschied von der Lang-
Gruppe. Lang würde mit seinen Leuten versuchen, parallel
zur Mur über Radkersburg, Graz, Bruck, Semmering nach
Wien zu gelangen. Ich, mit meinem geheimnisvollen Schäfer, wollte versuchen über Legrad, Warasdin und Cilli die
kolossal ausgebauten drei Auffanglinien der Nazis bei
Friedau, Pettau und Marburg zu umgehen.

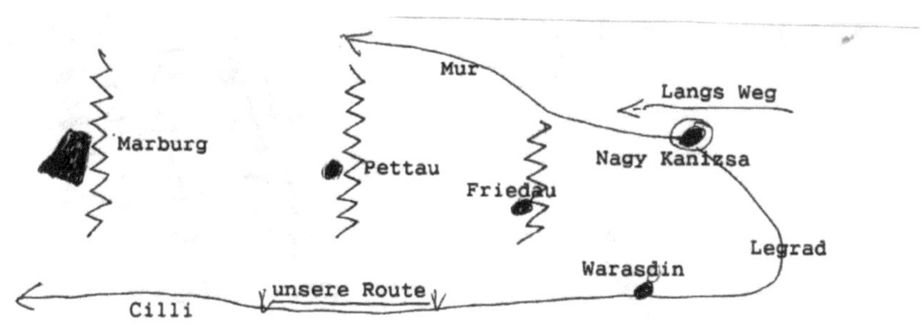

Weg der Gruppe Lang und unsere Route

Jugoslawische Partisanen/Heimkehr

Zusammen mit Lubimir setzte ich von Nagykanizsa über den Ort Laufen im Sanntal meinen gefährlichen Weg nach Hause fort.

Durch die andauernden Kampfhandlungen waren wir gezwungen, immer wieder unsere Route zu ändern und auf kleine Nebenwege auszuweichen. Oft versteckten wir uns vor Angst im Wald. Von vereinzelten Granateneinschlägen sind manchmal versprengte Soldaten richtiggehend durch die Luft geflogen und bis zu unseren umgestürzten Baumstämmen oder Gestrüpp, wo wir uns verkrochen hatten, sind glühende Eisenteile durch die Luft geschwirrt.

Ich war das alles zwar schon gewöhnt, aber es ist immer wieder schrecklich, man bekommt keine Luft zum Atmen, es ist immer wie ein Schock.

Zwei Wochen nach Ostern erreichten wir den Grintouc, den höchsten Berg der Sanntaler (Steiner) Alpen.

Halb verhungert, mit letzten Kräften trafen wir hier auf eine Partisanengruppe, die uns herzlich in ihrer Mitte aufnahm.

Erst jetzt erfuhr ich, dass mein prachtvoller Schäfer jugoslawischer Partisane und Vertrauensmann des späteren Staatspräsidenten Tito war.

Schwer nahm ich nach ein paar Tagen Abschied von meinen ideellen Kampfgefährten und setzte alleine meinen Weg fort.

Während der letzten Wochen der Kämpfe um das vormals österreichische Gebirge kam ich, inmitten herrlicher Landschaft mit Burgen, saftig grünen Tälern und tiefblauen Seen, nur sehr langsam voran.

In endlosen sternenklaren Nächten, die mächtigen Karawanken zum Greifen nahe, empfand ich unsagbares Sehnen nach zu Hause.

Unüberwindbar schwer erschien mir diese letzte Strecke so kurz vor dem Ziel.

Zieh' deine Schuhe aus! Denn das ist deine Heimat!

Sei gesegnet ohne Ende -

Heimaterde wunderhold!

Nachwort

Die ausgestandenen Ängste dieser Zeit wichen auch nach 1945 nicht von uns. Unsere Gedanken kreisten in den NS-Jahren unablässig um das Thema, als das entlarvt zu werden, was wir wirklich waren. Immer die Angst, holt man uns heute; die ständige Bedrohung vom Kriegsgericht, denn auf der Seite der Naziverbrecher stand das damals gültige Recht. Wir hatten keine Gnade zu erwarten.

Wir lebten all die Jahre in hilfloser Not, in verzweifelter Angst vor dem Unbekannten, die in namenloses Grauen ausartete, wenn es soweit war...

Wir führten einen Kampf zwischen zwei Fronten.
Das Gefühl des jahrelangen Ausgestoßenseins und der Zwiespalt unseres Handelns innerhalb der Wehrmacht begleiteten uns.

Wir folgten immer der Stimme des Gewissens, aus einem starken Gefühl innerer Berufenheit heraus, diesen Weg bewusst gewählt zu haben. Unsere Handlungsweisen waren immer moralisch zu begründen.

Gebe Gott, dass wir die Todesängste aus diesen Jahren und unseren Hass gegen die Verursacher aller Zerstörung menschlicher Ethik mit der Zeit überwinden können.
Langsam, Stück für Stück müssen wir mit Liebe wieder zusammentragen, was in diesen Jahren an menschlichen Werten verloren ging!

*   *   *   *

Es ist mir ein großes Anliegen, den Begriff "Österreichischer Freiheitskampf nach 1945" zu definieren und den Standpunkten ehemaliger Gegner gegenüberzustellen:

Unser Bestreben ist es, alle Auseinandersetzungen
der jetzigen Parteien schlichten zu helfen und dadurch
ein Wiederaufflammen von Faschismus, Rassenwahn
und klassenmäßiger Aufspaltung zu verhindern.

Nachdem wir uns sieben Jahre vor der Gestapo in allen Ecken und Winkeln verkriechen mussten und gezwungen waren, ein Leben unterirdischer Existenz zu führen, werden wir immer und immer wieder als Mahner und Wegbereiter vor die Menschen treten - denn nicht in einer der offiziellen, neu gebildeten Parteien sondern in unseren Reihen

w a r und i s t Österreich zu finden!

Viele österreichisch gesinnte Staatsbürger, die sich in den Jahren der deutschen Gewaltherrschaft im Kampfe gegen den Anschluss und gegen den Nationalsozialismus zusammengefunden hatten, sind nunmehr in einem einheitlichen, unparteilichen Bunde vereinigt.
Diese unsere eingeschworene Gemeinschaft ideeller Kampfgefährten wird sich weiter mit ganzer Kraft einbringen bis unser Österreich wieder sicher und frei ist!

Da wir nachweislich nur einwandfreie Patrioten in unserem Bund haben, ist die Gewähr gegeben, dass wir keine ehemaligen "Nazis" decken werden, wie es leider oft vorkommt bei sich unrechterweise als "Auch-Widerstandskämpfer" ausgebenden Menschen und Gruppen, denen es um persönliche Vorteile geht.

In unsere Arbeit schalteten sich bisher dänische (Mogens Fog) und französische (Nizza-Union Democratique des Autrichiens en France Nice) ehemalige Widerstandsbewegungen ein. Sie stellen den ganzen Apparat ihrer Zeitungen sowie ihre Verbindungen zu politischen wie offiziellen französischen, englischen, belgischen und amerikanischen Kreisen zur Verfügung und werben damit nicht unwesentlich unter den Auslandsösterreichern für unsere Anliegen.
Die Auslandsösterreicher stellen durch ihre weitreichenden wirtschaftlichen Beziehungen einen wichtigen Faktor in der Phase des Wiederaufbaus dar.

Alle jene, die durch ihre Gesinnung bewiesen haben, dass sie ehrlich an Ö s t e r r e i c h interessiert sind, laden wir zur Mitarbeit im Rahmen unserer Zielsetzungen ein!

* * * *

Von Österreich werden Beweise gefordert, dass wir unseren Beitrag zum Kampf gegen den Nationalsozialismus geleistet haben - d a s s

Ö s t e r r e i c h   O p f e r ,   n i c h t   M i t t ä t e r   w a r !

Weltweit einer der ersten, der sein Leben auf's Spiel setzte gegen den drohenden Faschismus, einer der ersten, der sein Leben verlor, am 25. Juli 1934, war ein österreichischer Kanzler, Engelbert Dollfuß. Sein Mut wird jetzt endlich in aller Welt gewürdigt.
Hier in Österreich begann die große Auseinandersetzung und Österreicher waren es, die mit ihrem Kanzler an der Spitze als erste ihr Leben für die gemeinsame Sache aller

Nationen geben mussten! Der mutige Kampf so vieler Menschen in Österreich ging nach Dollfuß' Tod weiter und erst die brutale Annexion unserer Heimat im März 1938 beendete ihn i n   s e i n e m   s i c h t b a r e n   T e i l .

Die österreichische Widerstandsbewegung hat - neben ihrer ethischen und patriotischen Berufung - den in den Deklarationen von Moskau und Malta von Österreich geforderten Beitrag zur eigenen Befreiung t a t s ä c h l i c h und auch i n   h ö c h s t m ö g l i c h e m   M a ß e   geleistet!!

Unsere vorangegangene Arbeit als Freiheitskämpfer ist das einzige Aktivum, über welches das Land seit 1945 in außenpolitischer Hinsicht verfügt.
Allerdings versäumen es die zuständigen Stellen nach wie vor, diese Tatsache entsprechend zu verwerten und dieses Aktivum angemessen in den laufenden Verhandlungen in die Waagschale pro Austria zu werfen.

"Austria - ein gewesenes Land", spekulieren jene, die uns dem Ausland für ihre durchsichtigen Zwecke ausliefern wollen.

Nein, Ö s t e r r e i c h   w i r d   b e s t e h e n !

Nicht mit Waffengewalt sondern mit dem Segen Gottes!
Für alle Österreicher, für alle, die den Frieden lieben.

Der Verfasser

Josef Leopold
1947

Übersicht

I. Aufstellung der Eckdaten meines Lebens in dieser wirren Zeit

Nach 13. März 1938	Schlosserlehrling in Maschinenfabrik; Österreich wird NS-OSTMARK!
20. März 1941	Positiver Abschluss der Berufsschule als Maschinenschlosser
ab Juni 1941	Als Zeichner im technischen Büro der Maschinenfabrik angestellt. Abendschule Ingenieursstudium am TGM in Wien
12. April 1942	Anstatt Ingenieursschule zu vollenden, Zwangsrekrutierung zur NS-Wehrmacht nach Frankstadt, Mähren, zur Abteilung Marschkompanie Panzer Grenadier Ersatzbataillon 10
21. Juni 1942	Sissy kennen gelernt

18. August 1942   S i s s y von den Nazis hingerichtet

21. Oktober bis   Gefängnis, Haft, in Pankraz, Prag:
Dezember 1942   Todesurteil erwartend

24. Dezember 1942   Lazarett: Blinddarmoperation
                        und dadurch Arrestunterbrechung

22. Februar 1943   Onkel H a n s von den
                        Nazis hingerichtet

28. Februar 1943   Wieder auf freiem Fuß; Anklage
                        wurde fallengelassen

12. März 1943   Als Gefechtszeichner zur
                        Neuaufstellung der 25. Panzer
                        Division, einer Untergruppe der
                        Panzerjägerabteilung 87 der
                        NS-Wehrmacht, nach
                        Norwegen abgestellt.

21. März 1943   Mein Bruder Friedrich (F r i t z l) von
                        den Nazis getötet

Mitte Juni bis   Kerkerhaft
Mitte August 1943   Festung Akershus, Norwegen:
                        ein zweites Mal Todesurteil erwartend

25. August 1943	Wieder auf freiem Fuß - Abfahrt nach Frankreich
16. November 1943	Abfahrt von Frankreich Richtung Russland
Dezember 1943 bis Anfang März 1944	Ostfront Russland: Ukraine/Galizien Strafbataillon 500
12. März 1944	Flucht aus dem Strafbataillon 500
16. April 1944 bis Ende Juni 1944	Bei Ukrainischen Partisanen in Stryj
Anfang Juli 1944	20. Panzer Division der Wehrmacht
14. Juli 1944	Verwundung bei Kamionka während der Russischen Großoffensive
17. Juli 1944 bis Ende Oktober 1944	Lazarett Gnesen
1. November bis 8. Dezember 1944	Hamburg, Wehrmacht

8. Dezember bis 18. Dezember 1944	Wiederaufstellung der 20. Panzerdivision in Grodno
19. Dezember 1944	Abfahrt nach Ungarn mit der 20. Panzerdivision
Ende Dezember 1944 bis Ende März 1945	Ungarn, Raum Balaton, in der 20. Panzerdivision
30. März 1945	Desertion, Flucht Richtung Jugoslawien
April 1945 bis Mai 1945	Kriegsende; bei Jugoslawischen Partisanen, Heimweg über Slowenien - Kärnten

II. Einige meiner Versuche mitzuhelfen, diese Welt wieder in gottgefälligere Bahnen zu lenken

Juni 1942, Frankstadt Mähren

Mit meinen Widerstandsfreunden bei einer Nazi-Absperraktion tschechischen Partisanen Geleitschutz gegeben und sie in sicheres Gebiet gebracht.

April bis Juni 1943, Norwegen

Auflistung der gesamten Belegschaft der Pz.Jg.Abt.87 einschließlich aller Offiziere und NS-Mitarbeiter in drei Gruppen wie folgt:

      A - Patrioten
         (vor allem Elsässer und Österreicher)
      B - überzeugte Nazis
      C - politisch eher Desinteressierte

Strategisch wichtige Positionen mit unseren Leuten besetzt - Ausarbeitung gemeinsam mit Oberstleutnant Otto K.

Div.+ Pz.Jg. 25: täglich musste ich mehrere Abzüge der BBC-Nachrichten wie folgt unter den Nazis verteilen:

    1. dem Divisions-Stab,
    2. der Div. Kradstaffel
    3. dem Divisionsnachrichtenführer
    4. dem Panzer Regiment 9

Zusätzlich habe ich dabei auch unseren Widerstandskämpfern Abzüge zukommen lassen.

Zusammengefasst, beanspruchte die Durchführung
der Verteilung der Abzüge an unsere Freunde meine
gesamten Vorräte an Schnaps und an Zigaretten...

Divisions Stab 25. Pz.Div. Vor Divisions-Manöver um
Hamar Marschband (Aufmarschplan) für Oberstleutnant Otto
kopiert. Funkschlüssel vom verschlüsselten Code kopiert,
selbige Walter zugespielt.

Postordonanz des Stabes trifft sich täglich mit einem
Freund von Captain Payne in Lilleström und "vergisst" regelmäßig seine Kuriertasche im unversperrten Wagen im ge-
schlossenen Hof des Cader Lilleström... Sein Fahrer - ist
Lucien C., den ich beim Div. Stab untergebracht hatte!

4. Oktober 1943, Frankreich

18 Elsässer konnte ich zu einer Dolmetschkompanie in der
Umgebung von Straßburg abschieben, da ich durch meine
Arbeit als Gefechtszeichner im Büro tätig war.

18. Oktober 1943, Treffen in Auxi le Chateau

**Übergabe der von mir erstellten Kopien der NS-Truppen-
Aufmarschpläne für den Fall der erwarteten Landung
der Alliierten bei Calais an den Résistance-Mittelsmann
Müller für die Überbringung nach England zu den
Alliierten.**

Jänner 1944, Ukraine

"Versorgung" hungernder Partisanen und Zivilpersonen aus Wehrmachtsbeständen anlässlich des Rückzugs bei den Kampfhandlungen um Berditschew.

Juli bis Oktober 1944, Lazarett Gnesen

Kampfmoral untergraben durch Überzeugungsarbeit und Aufklärung über die NS-Verbrechen.

Dezember 1944, Grodno

Sabotage der Gefechtsübungen für Einsatz in Ungarn. Deserteure aus dem NS-Gefahrenbereich gebracht.

Jänner bis März 1945, Ungarn

Endkampf sabotiert durch Befehlsänderungen und falsch gezeichnete Pläne zu Gunsten der Überlebenschancen der Soldaten.

Umseitig sind einige der Stationen in der Ukraine und in Polen auf der alten Wehrmachtskarte markiert.

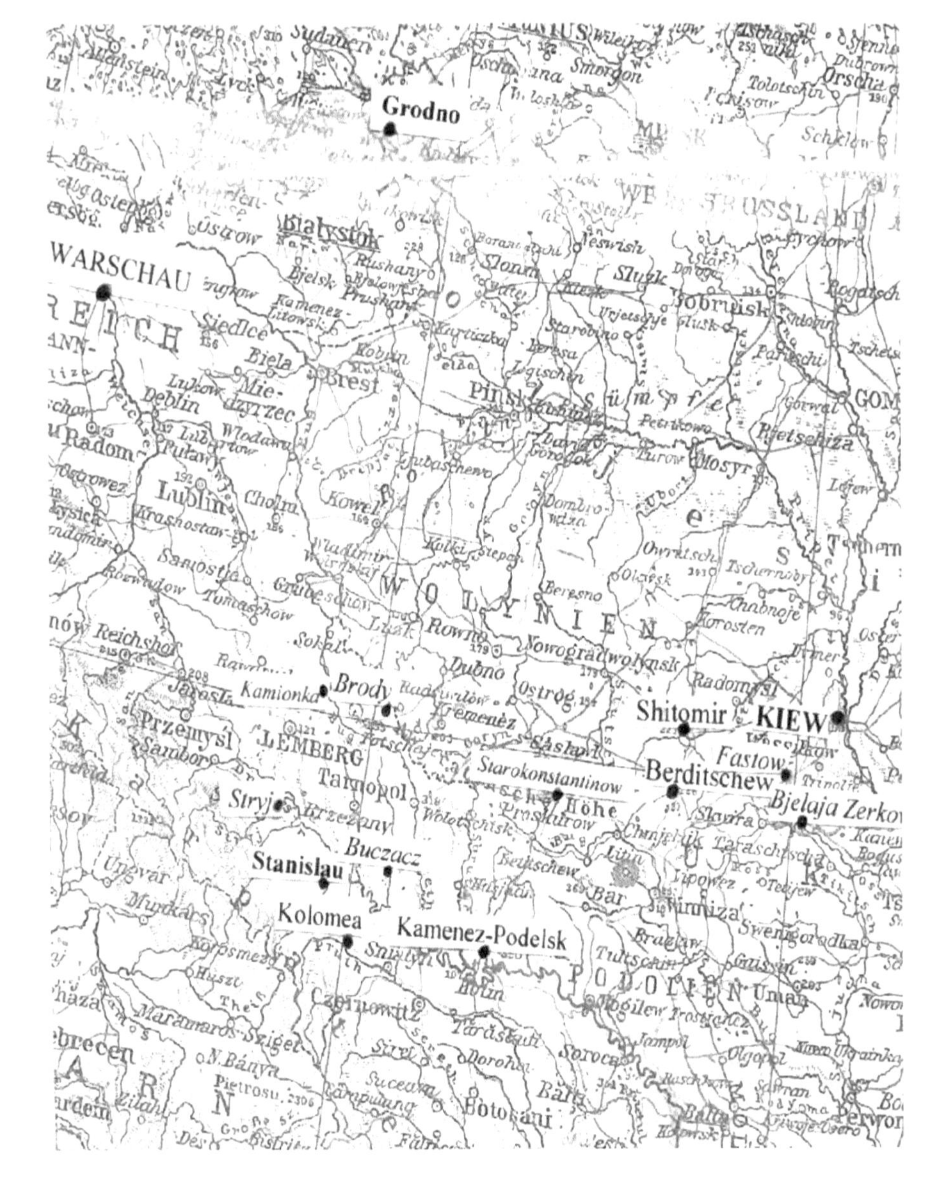

Grodno
WARSCHAU
REICH
Siedlce
Biela
Brest
Miedzyrzec
Deblin
Lublin
Cholm
Kowel
Radom
Putawy
Lukow
Tomaschow
Reichshof
Jaroslau
Kamionka
Brody
Dubno
Ostróg
Przemysl
LEMBERG
Tarnopol
Stryj
Brzezany
Buczacz
Stanislau
Kolomea
Kamenez-Podelsk
Bialystok
Slonim
Sluzk
Pinsk
WOLYNIEN
Luzk
Rowno
Nowograd-Wolynsk
Shitomir
KIEW
Fastow
Berditschew
Bjelaja Zerkow
Starokonstantinow
Höhe
Proskurow
Bar
Winniza
PODOLIEN
Uman
Botoschani
WEISSRUSSLAND
Orscha
MINSK
Bobruisk
GOMEL
Mosyr